Cornelia Schmalz-Jacobsen

Russensommer

Als der Krieg vorbei war:
Meine Erinnerungen

Die Originalausgabe erschien 2016 unter dem Titel
Russensommer. Meine Erinnerungen an die Befreiung vom NS-Regime
im C. Bertelsmann Verlag, München.

Verlagsgruppe Random House FSC® N001967

1. Auflage 2018
Copyright © 2016 by C. Bertelsmann Verlag,
in der Verlagsgruppe Random House GmbH,
Neumarkter Straße 28, 81673 München
Covergestaltung: Favoritbüro
Covermotiv: Thorsten Schier/Shutterstock
Satz: Uhl + Massopust, Aalen
Druck und Bindung: GGP Media GmbH, Pößneck
Printed in Germany
ISBN 978-3-328-10270-0
www.penguin-verlag.de

 Dieses Buch ist auch als E-Book erhältlich.

Für Justus und Claudine

Inhaltsverzeichnis

Prolog

Die Mauer war gefallen, und man konnte wieder ohne Schlagbaum und Kontrollen kreuz und quer durch Deutschland fahren.

Aber im Vorfrühling von 1990 war der Straßenzustand in Mecklenburg-Vorpommern miserabel, und wir kamen nur langsam voran. Eigentlich musste ich mich auf Besprechungen konzentrieren, doch das Autotelefon funktionierte nicht. Also blickte ich aus dem Fenster und sah mir die Umgebung an.

Die Straßen waren leer, und ich sah nur einige Häuser, meistens grau und heruntergekommen. Ich war im eleganten 5er-BMW mit Chauffeur unterwegs und machte Wahlkampf in den Neuen Ländern, wie sie damals genannt wurden. Ich bekleidete zu der Zeit eine hohe Position in der FDP, und es ging um die letzte oder die erste demokratische Wahl der DDR.

Die Gegend in Mecklenburg-Vorpommern war mir nicht fremd, ich kannte sie noch aus meiner Kindheit. Das Land so flach wie ein Pfannkuchen und wintergraue Wiesen, so weit das Auge reichte.

Auf einer leeren Kreuzung sah ich plötzlich zwei dünne, junge Rotarmisten in ihren verwaschenen Uniformblusen stehen. Sie sahen in unsere Richtung und streckten ihre Hände nach unserem Wagen aus – sie bettelten!

Es krampfte sich etwas in mir zusammen, und ich spürte plötzlich, wie mir die Tränen kamen. Erinnerungen, die lange zurücklagen, stiegen mit einem Mal in mir auf, Bilder von kurz nach dem Krieg.

Ich sah Nikolai, den achtzehnjährigen Rotarmisten, vor meinem inneren Auge. Er hatte genauso ausgesehen wie diese beiden Soldaten: sehr dünn, in der gleichen verwaschenen Uniform, mit dem gleichen, ein wenig schief sitzenden Käppi auf dem Kopf. Damals, auf dem Darß jedoch, waren die Rollen anders verteilt gewesen. Er gehörte zu den Siegern im *Großen Vaterländischen Krieg* und ich zu dem Volk der total Besiegten, zu den Angreifern, die das ganze Elend des Weltkriegs erst angezettelt hatten.

Jetzt war ich *die Reiche,* und sie mussten betteln! Es war kaum auszuhalten. Ich sagte nur: »Bitte fahren Sie weiter«, dann versank ich in meinen Erinnerungen.

Bunkernächte

Ich war noch keine neun Jahre alt. Und ich hatte Angst. Angst vor den Bomben, Angst um mein Zuhause, Angst um meine Eltern und Geschwister. Es war der Herbst 1943, die Schlacht um Stalingrad war schon etliche Monate her, aber der Zweite Weltkrieg noch längst nicht zu Ende.

In Berlin wurden in jenem Herbst die Luftangriffe immer häufiger und auch immer heftiger. Die britischen Bomber kamen fast täglich, meistens mitten in der Nacht. Oft wurde ich aus dem Bett geholt, wenn die Sirenen mit ihrem schrillen Alarm vor einem Bombenangriff warnten. Bis heute wird mir flau im Magen, wenn ich eine Sirene höre. Meine Mutter und meine großen Geschwister hörten damals schon den streng verbotenen Sender BBC. Er war leicht zu empfangen, aber auch der offizielle Deutschlandsender informierte die Bevölkerung. – »Starke Verbände im Raum Hannover-Braunschweig im Anflug auf Berlin.« Es klang unheimlich, und es bedeutete, dass wir uns besser rasch auf den Weg in unseren Bunker machten. Ich hatte »Pullover-Braunschweig« verstanden, da mir wohl weder Hannover noch Braunschweig ein Begriff waren, und so war es fortan bei uns allen ein geflügeltes Wort. »Pullover-Braunschweig« bedeutete Angst, Zerstörung und möglichst schnell in den Bunker.

Unser kleiner Bunker lag hinter unserem Reihenhaus, ganz am Ende des langen, schmalen, handtuchförmigen Gartens. Der Vater einer Schulkameradin meiner Schwester Nico war Bauingenieur, und meine Eltern hatten ihn gefragt, ob er uns einen kleinen Bunker bauen könne. Er sagte zu und baute ihn in einer ganz anderen Form als üblich. Anstatt horizontale und vertikale Elemente zu verwenden, bekamen wir einen runden Bunker, bestehend aus zwei großen, miteinander verbundenen Betonröhren, wie man sie noch immer im Straßenbau sehen kann. Es war ein ganz besonderes Modell. Mein Vater hatte uns, schon bevor er 1941 zur Wehrmacht eingezogen wurde, mehrfach erklärt, dass die runde Form sicherer vor Einschlägen sei als ein eckiger Bau.

Zum nächstgelegenen, öffentlichen Bunker brauchte man zehn bis fünfzehn Minuten. Zu weit und zu gefährlich, um bei Bombenalarm hinzulaufen. Es war Pflicht, bei Alarm einen Bunker aufzusuchen – wenn die Sirenen losgingen, waren also bald alle Häuser leer. Die Türen der Häuser durften nicht abgeschlossen sein, damit der Blockwart, eine Art Hausmeister mit Aufsichtspflichten, der meistens für mehrere Häuser oder einen ganzen Häuserblock zuständig war, überall Zutritt hatte. Es könnte ja irgendwo Licht brennen, ein Brand schwelen oder etwa sogar ein Mensch versteckt sein! Blockwarte hatten den Ruf, Spitzel und Denunzianten zu sein, deshalb war meine Mutter immer darauf bedacht, die von ihr versteckten Juden gut zu verbergen, bevor wir in den Bunker gingen.

Nur unsere Haushaltshilfe Hedda – sie war eine sehr wichtige Person in unserer Familie – bestand darauf, auch bei Alarm im Haus zu bleiben. Sie hatte zwanzig Jahre lang bei einer jüdischen Anwaltsfamilie gearbeitet, bis es ihr die

Nürnberger Rassengesetze 1935 verboten. Eine arische Frau unter fünfundvierzig Jahren durfte keinesfalls mehr in einem jüdischen Haushalt arbeiten, zu dem auch Männer gehörten. Sie hatte Sympathie mit den Juden – also konnte meine Mutter ihr vertrauen. Hedda litt allerdings unter einer unerträglich starken Klaustrophobie und wollte deshalb keinesfalls in den engen Bunker gehen. Sie setzte sich durch und blieb im Haus.

Die Fenster blieben möglichst einen Spalt weit geöffnet, damit sie bei einer Bombenexplosion nicht so leicht brachen. Vorsichtsmaßnahmen, die keineswegs immer halfen.

Um in unsere Röhre zu kommen, mussten wir durch den ungeschützten Garten laufen und eine kleine Treppe mit ein paar Stufen hinuntergehen. Dann konnten wir es uns auf den Matratzen, mit denen die beiden Röhren ausgelegt waren, einigermaßen bequem machen. Proviant hatten wir nicht mit dabei. Meistens dauerten die Angriffe nicht so lange.

Ich hatte meiner Mutter an jenem Novemberabend eine Überraschung bereiten wollen, hatte mich ohne Ermahnung ausgezogen und gewaschen. Ich erschien also bettfertig im Nachthemd und wurde gelobt, aber fast im selben Atemzug sagte sie: »Heute wäre das nicht nötig gewesen, denn es ist schon Pullover-Braunschweig angesagt worden.« Ich musste also so schnell wie möglich zurück in meine Kleidung. Dann ab durch den Garten, Mutter, wir drei Schwestern und ein zwölfjähriges Mädchen samt Schäferhund, die ein benachbartes Ehepaar bei uns zur Betreuung abgegeben hatte.

Kaum im Bunker angekommen, gingen der Krach und das Getöse schon los. Der Angriff war schwerer als alle anderen vorher. Die Großen kommentierten die Einschläge der Bomben: »Klingt ziemlich nah!« – »Hoffentlich nicht bei uns!« Ich versuchte, nicht ständig über die Bedeutung der Geräusche nachzudenken. Das Pfeifen der Bomben, ehe sie einschlugen, war beängstigend, weil man nie genau wissen konnte, wo sie landen und welche Zerstörung sie anrichten würden. Manche Silvesterraketen unserer Tage geben einen ganz ähnlichen Pfeifton von sich, den ich noch heute schwer ertrage, weil sofort die Bilder von Krieg und Bomben vor meinem inneren Auge erscheinen.

Wenn die Sirenen mit einem einzigen, langen Ton Entwarnung gaben und der Fliegerangriff vorüber war, verließen meine Mutter und die Schwestern den Bunker, liefen durch den Garten und schauten sich um – ob unser Haus getroffen war oder eines der Nachbarhäuser, ob es irgendwo brannte und gelöscht werden musste. Wassereimer standen bereit – zum Glück gab es Wasser noch aus der Leitung. Die ganze Nachbarschaft war auf den Beinen, um zu löschen und zu helfen, wo Hilfe nottat.

Ich jedoch musste allein im Bunker bleiben, denn die Großen konnten mich nicht gebrauchen! – Ich wusste das und sah es auch ein. Aber scheußlich war es trotzdem.

In jener Nacht, nach dem langen und schweren Angriff, setzte es mir besonders zu, dass ich nicht nach oben konnte. Die Zwölfjährige, die zu Gast war, musste natürlich auch noch im Bunker bleiben, aber sie war keine Freundin von mir, und ich kannte sie kaum. Sie starrte vor sich hin und murmelte undeutliche, verrückte Sätze. Immer wieder wimmerte sie: »Liebergottbittebittebeschützeunsliebergottvergissunsnicht«, dann holte sie kurz Atem, und gleich ging es wieder los mit dem Gewimmer. Ich versuchte, sie etwas zu beruhigen, aber sie hörte überhaupt nicht zu. Das Mädchen flößte mir noch mehr Angst ein, ich fürchtete mich vor ihm. So blieb mir nur Gypsie, der freundliche, große, gutmütige Schäferhund, den ich gut kannte. Ich klammerte mich an das Tier, streichelte sein weiches Fell und versuchte, mit den großen Hundeohren meine kleinen Ohren zuzuhalten. Mal das eine, mal das andere Ohr. Das war gar nicht so leicht. Ich spürte den Herzschlag des Hundes an meinem Gesicht. Diesmal hatte der Angriff sehr lange gedauert.

Es gab damals so viele Dinge, vor denen ich Angst haben konnte, Dinge, die ich nicht verstand. Wie ging es meinem Bruder Konstantin, der gleich nach seinem neunzehnten Geburtstag im letzten Juli zur Wehrmacht eingezogen worden und nun in Russland war? – Wie ging es meinem Vater, der seit mehr als zwei Jahren im sogenannten Generalgouvernement in Polen ein hochgefährliches Leben lebte? Wie lange würde dieser Krieg noch dauern?

Mit dem Hund in den Armen tat ich das Naheliegende: Ich träumte mich weg. Ich dachte an die Ostsee, an eine Welt, in der es ruhig war und friedlich. An meine Reise im vergangenen August mit meiner Lieblingsschwester, der ältesten, genannt Mimi, nach Zingst. Ich dachte an die schöne, schlanke Tante Mary, bei der wir gewohnt hatten, an ihre wehenden Röcke, die hochgesteckte Außenrolle und ihre anmutigen Bewegungen. Sie war halbe Engländerin, wie sie uns erklärte. Das machte sie für mich noch interessanter, wie alles Ungewöhnliche und Fremdartige. Ich erinnerte mich an den blühenden Garten und das gemütliche Haus. An der Ostsee gab es keine Sirenen und keine Bomben.

Tante Mary hatte ein Tutu, ein Ballettröckchen, weil sie früher Ballett getanzt hatte. Ich durfte es anziehen, obwohl es mir viel zu groß war, und war glücklich zur Schallplattenmusik aus dem aufziehbaren Grammofon durchs Haus geschwebt.

Die Einladung nach Müggenburg war ein besonderes Ereignis gewesen, zu einer mir unbekannten Tante Maria und einem unbekannten Onkel Friedel. Wir waren an einem Sommernachmittag auf einen richtigen Bauernhof gefahren. Wenigstens für die Augen eines Kindes hatte nichts in diesem Ort darauf hingedeutet, dass sich Europa mitten in einem Krieg befand. Es gab Kuchen und künstliche Limonade, ich war aber zunächst ziemlich schüchtern. Der kleine Christian, der vierjährige Sohn der beiden, brach den Bann. Mit einem merkwürdigen Akzent schlug er mir vor: »Du kleine Mädchen, ich dir sollen zeigen Stall?« Natürlich wollte ich das alles sehen! – Warum sprach er so komisch? Der kleine Christian war unwiderstehlich. Er war ein munteres Kind, mit blitzblauen Augen, die zu leuchten schienen, und einem ansteckenden Lächeln mit strahlend weißen Milchzähnen. Die Berliner Kinder erschienen mir dagegen blasser und weniger fröhlich. Kein Wunder, bekamen sie den Krieg doch aus nächster Nähe mit.

Wir gingen durch den großen Stall aus rotem Backstein. Nur die Schweine waren da, die Kühe, Schafe und Pferde standen auf der Weide. Es hatte nicht besonders gut gerochen – aber sogar der Stallgeruch war besser gewesen als dieser Geruch nach feuchtem Zement.

Ich unterbrach meinen Tagtraum und nahm den Bunkergeruch wahr. Ich blickte auf die einzelne Glühbirne in der Röhre und erinnerte mich an den schummrigen Heuboden von Müggenburg. Das Mädchen neben mir wimmerte. Ich dachte noch immer an den Sommer, an Onkel Friedel, in den ich mich sozusagen auf den ersten Blick verliebt hatte. Er war groß, hatte eine Halbglatze und ein Gesicht voller Lachfältchen. Er trug Knickerbocker und einen Pullover. Er wandte sich mir zu und behandelte mich nicht wie ein Kleinkind. Er sprach mit mir, als wäre ich nicht die kleinste Schwester, sondern ein ernst zu nehmendes, fast schon erwachsenes Mädchen. Seine Anwesenheit gab mir ein warmes Gefühl. – Irgendwann in diesen Gedanken bin ich tatsächlich eingeschlafen. Aber ich schlief nicht lange. Die Stimme meiner Mutter weckte mich auf: »Du kannst jetzt nach oben kommen, und ab ins Bett. Alles in Ordnung.« – Ich stolperte durch den Garten ins Haus.

Am nächsten Morgen lag meine sechzehnjährige Schwester Nico mit einer Rauchvergiftung im Bett. Nicht in ihrem eigenen Mansardenzimmer unter dem Dach, sondern im ersten Stock, im breiten Bett unserer Mutter. Ihr Gesicht war ganz weiß, sie hustete und bekam schlecht Luft. Außerdem hatte sie Kopfschmerzen. Als ich in der Röhre gelegen hatte, war sie oben herumgelaufen und hatte mit Wassereimern kräftig gelöscht. Meine älteste Schwester und meine Mutter hatten zwar auch gelöscht, vielleicht an einer anderen Stelle, jedenfalls hatten sie keine Rauchvergiftung davongetragen.

Ich erklärte meiner Mutter kategorisch: »Ich bleibe nicht hier, ich will zu Onkel Friedel und Tante Maria.« – Nur weg von den Bomben! Wie herrlich musste es dagegen an der Ostsee sein! Und was konnte man an der Ostsee alles tun, anstatt in Berlin in einem Bunker zu schmoren.

Vielleicht war ich damals schon ein willensstarkes Mädchen, vielleicht konnte ich auch den Bunker nicht mehr ertragen. Aber ich wusste, was ich wollte, und ich wusste insgeheim auch, dass ich es durchsetzen würde. Eigentlich war ich immer noch ärgerlich mit meiner Mutter, dass sie niemals von diesen netten Verwandten auf dem Darß erzählt hatte. Immer wenn ich von Onkel Friedel erzählte, wich sie aus und wechselte das Thema. – Auch jetzt reagierte sie nicht so, wie ich es erwartet hatte. Sie sagte nicht »Nein« und nicht »Ja«, sie war zögerlich und meinte nur, das sei nicht so einfach.

Ich redete noch eine Weile auf meine Mutter ein, dann zog ich mich in mein Zimmer zurück. Aber ich war mir sicher, dass es so kommen würde, kommen musste, wie ich es mir wünschte. Irgendwie hatte ich keinen Zweifel daran. Ich wollte so schnell wie möglich weg aus Berlin an die Ostsee.

Und dann geschah das Seltsame: Noch am selben Tag rief mein Onkel Friedel an. – Vielleicht war es Gedankenübertragung, vielleicht aber auch einfach nur Zufall. – Ich stand direkt neben meiner Mutter, als er sie fragte: »Willst du uns nicht deine Kleine schicken? Das wäre doch besser für euch alle!«

Aus irgendeinem Grund hatte ich genau so etwas Ähnliches erwartet. Zum ersten Mal in meinem Leben, so kam es mir vor, hatte ich eine Entscheidung ganz für mich allein getroffen. Durchaus im vollen Bewusstsein, dass dies eine Trennung von Mutter und Schwestern sein würde. Ich wusste auch, dass die Trennung nicht nur ein paar Tage dauern würde. Was war ich damals für ein Kind? Wollte ich vor allem weg aus Berlin oder vor allem hin an die Ostsee? Wieso übte Onkel Friedel eine solche Anziehungskraft auf mich aus?

Die ganze Tragweite dieser Entscheidung konnte ich als Achtjährige natürlich noch nicht ahnen. Und wie es dann wirklich allein in der Fremde sein würde, konnte ich mir auch nicht vorstellen.

Doch meine Reise auf den Darß war beschlossene Sache.

Schafft die Kinder fort!

Isa, eine alte Freundin meiner Mutter, holte mich ein paar Tage später ab. Auf dem Weg zum Stettiner Bahnhof, der heute Nordbahnhof heißt, fuhren wir durch eine Stadtlandschaft, wie ich sie noch nie zuvor gesehen hatte. Unsere Gegend in Neuwestend, in der Nähe des Reichssportfeldes, dem heutigen Olympiastadion, war zwar auch an einigen Straßen getroffen worden, aber das, was ich jetzt auf der Fahrt ins Zentrum sah, war ohnegleichen.

Überall waren nur Trümmer und Ruinen. Ausgehöhlte Häuser, von denen gerade noch die Außenwände standen, Ruß an den übrig gebliebenen Mauern, Straßen, die unter Trümmern und Schutt kaum noch als solche zu erkennen waren. Alles schien grau und staubig.

Ich erinnere mich nur an diese Zerstörung. Nicht an den Bahnhof oder den Zug, nicht an die Bahnhofshalle oder die Bahnsteige. Ich sehe in der Erinnerung auch keine Menschen. Eigentlich muss es dort voll gewesen sein, auch voller Kinder, die mit und ohne Mütter die Stadt verließen.

Aber dies alles ist weg, ausgelöscht. Wer saß im Zugabteil außer Isa und mir? Andere Kinder? War es laut? – Ich weiß es nicht, ich erinnere mich nur an uns beide. Der Schock angesichts der schweren Zerstörungen muss so groß gewesen sein, dass ich alle anderen visuellen Eindrücke nicht

wahrnehmen konnte. Ich sah aus dem Zugfenster, erst allmählich konnte ich die Außenwelt wieder in mir aufnehmen. Eine Weile lang sah alles ebenso aus wie auf unserer
Fahrt zum Bahnhof: überall nur Trümmer.

Als wir endlich Berlin hinter uns gelassen hatten und in länd-
lichere Gegenden kamen, wurde es heller, und die Umgebung schien friedlicher. – Bald sah ich dann gar nichts mehr
durch die dreckigen Zugfenster, denn es wurde früh dunkel.

Isa, selbst kinderlos, versuchte mit mir zu reden. Aber
knapp neunjährige Kinder, die gerade ihr Zuhause verlassen haben und in eine neue Familie und in eine neue
Umgebung aufbrechen, sind wahrscheinlich schlechte Ge-
sprächspartner. Ich wusste ziemlich genau, dass ich nicht so
schnell wieder nach Berlin zurückkommen würde.

Isa fragte mich schließlich: »Magst net reden?« Meine
Antwort war wohl etwas brüsk: »Nein!«

Ich dachte über etwas nach.

Ich hatte gehört, dass die Schulen geschlossen würden.
Mir fiel ein, dass wir schon länger keinen geordneten Unterricht mehr hatten, wegen der Tagesangriffe. Ich hatte
ein Wort aufgeschnappt, es hieß Kinderlandverschickung.
Manchmal wurde es auch anders genannt, mit einem anderen Beigeschmack: Kinderlandverschleppung. Meine Lieben lachten über dieses Wort, aber in meinen Ohren muss
es trotzdem ein wenig bedrohlich geklungen haben, auch
wenn ich mir nicht viel darunter vorstellen konnte.

Jedenfalls war es eine Aktion, was so viel hieß, dass
viele sich daran beteiligen würden. Mir fiel ein, dass meine
Freundin Margrit dieser Tage zu Verwandten nach Babels-
berg in der Nähe von Berlin ziehen würde, weil ihr Haus

stark durch Bomben beschädigt war. Ich hatte auch noch von einigen anderen Kindern gehört, die aus Berlin wegzogen. Aber ich konnte mir nicht vorstellen, dass alle Kinder betroffen sein sollten.

Und doch war es genau so. Es muss eine regelrechte Völkerwanderung der Jungen und Jüngsten gewesen sein. Die Zahlen sind ganz sicher nicht exakt, aber bis zum Kriegsende sollen rund 2,8 Millionen Mädchen und Jungen im Alter von zehn bis achtzehn Jahren verschickt worden sein.

2,8 Millionen! Es muss also eine ganze Großstadt aus Jugendlichen, Jungen und Mädchen, unterwegs gewesen sein. Und dazu kamen noch die Kinder wie ich, die noch nicht einmal zehn Jahre alt waren. Bürokratisch, wie stets in Deutschland, gerade auch bei den Nationalsozialisten, richtete man eine *Reichsdienststelle KLV* ein und unterteilte die verschickten Kinder in Altersgruppen. Neben den Jugendlichen gab es noch die Gruppe der ganz Kleinen, die Vorschulkinder, und schließlich die Gruppe der Kinder zwischen sechs und zehn Jahren, wozu auch ich gehörte.

Betroffen waren vor allem Kinder aus den Großstädten und anderen gefährdeten Regionen, zum Beispiel dem Ruhrgebiet. Offiziell hieß es *Vorsorgliche Umquartierung*. Von Freiwilligkeit konnte keine Rede sein.

Familien mit Verwandten auf dem Land hatten großes Glück. Am besten waren freundliche Verwandte mit genügend Platz. Die Bewohner von ländlichen Gegenden wurden von der NSDAP zu Gasteltern gemacht und mussten Kinder und Mütter aufnehmen. Das nationalsozialistische Regime zwang also die Familien, minderjährige Flüchtlinge aufzunehmen.

Das Ganze lief unter einem Führerbefehl, war also unbedingt zu befolgen. Baldur von Schirach, zuständig für die Jugend im Nazireich, wurde im Juni 1943 zum *Beauftragten des Führers für die KLV* ernannt. In den Grenzen des Deutschen Reichs von 1933 soll es unglaubliche neuntausend sichere Orte gegeben haben, auch in Regionen wie Danzig-Westpreußen, Elsass-Lothringen, Böhmen und Mähren. Es waren natürlich viel mehr. Die Naziführung wollte zwar die deutschen Kinder vor den alliierten Bomben schützen, aber am Ende, als alles drunter und drüber ging, gab es keinen Plan zur Abwicklung mehr.

Verschickte Kinder haben ganz Unterschiedliches erlebt. Wie ich später erfahren habe, wurden zum Beispiel meine Freundin Dorothea und ihre ältere Schwester mit ihrer ganzen Schule und allen Lehrern nach Böhmen verschickt. Von dort aus mussten sie sich nach dem Krieg, mehr oder weniger allein gelassen, nach Norddeutschland durchschlagen. Dorothea, so alt wie ich, hat das schlecht verkraftet. Diese Flucht hat sie für lange Jahre traumatisiert.

Meine halbjüdische Freundin Ursula dagegen fand im Nachhinein, dass sie es am Ende eigentlich gut hatte. Ihr jüdischer Vater war Zahnarzt, hatte aber sehr früh schon Berufsverbot erhalten. So musste die Mutter das Geld verdienen und konnte sich nicht mehr um Ursula kümmern. Da der Vater sich nicht in der Lage fühlte, die Tochter zu betreuen, trennte sie sich mit großem Kummer von ihrem einzigen Kind und musste Ursula anderswo unterbringen. Nach mehreren Jahren bei verschiedenen Bekannten der Eltern und zwei Kinderheimen in Bayern, gehänselt wegen ihrer jüdischen *Versipptheit*, beschloss ihre Mutter im Sommer 1944, Ursula ins kinderlose Berlin zurückzuholen.

Damit hatte sie es tatsächlich besser als viele andere Kinder, denn sie war mit beiden Eltern zusammen. In dieser Zeit wurde sie von einem ehemaligen Lehrer unterrichtet, der durch seine Mischehe geschützt war, aber ebenso wie Ursulas Vater seinen Beruf offiziell nicht mehr ausüben durfte. Sie wurden noch zweimal ausgebombt, verloren alles und erlebten das Ende des Krieges mit einer Tasche und dem, was sie auf dem Leib trugen, in einem öffentlichen Luftschutzbunker.

Der Widerstand der Eltern, die ihre Kinder allein oder mit der gesamten Schule verschicken sollten, war groß. Nicht nur aus religiösen oder politischen Gründen, sondern vor allem aus Gründen der Fürsorge. Der Druck von Partei und Kommunen nahm stetig zu, der Druck wurde von oben nach unten weitergereicht – Partei, Gauleiter, Regierungspräsident, bis zu der untersten Ebene, den Oberbürgermeistern und Bürgermeistern. Sie wurden angehalten, »mit größter Beschleunigung« zu handeln und entsprechende Polizeiverordnungen zu erlassen. Etwaige Rechtsbedenken waren »zurückzustellen«. Der Widerstand der besorgten Eltern sollte um jeden Preis gebrochen werden – ein Aspekt, der oft vergessen wird, wenn es um das nationalsozialistische Familienbild geht.

Im Stadtarchiv Herne gibt es ein Plakat, das bedrohlich aussieht und auch bedrohlich wirken sollte. Auf schwarzem Grund bedeckt rotes Feuer fast das gesamte Bild. Die Überschrift über dem Feuer verkündet: »Der Luftterror geht weiter«, darunter, in der Feuerkugel: »Mütter – schafft eure Kinder fort!« – Eine verräterische Forderung, wenn man bedenkt, dass die deutsche Frau und Mutter gleichsam als Heilige dargestellt wurde, die dem Ehemann stets zu

Diensten und für die Kinder ein Hort der Liebe und Fürsorge sein sollte. Das nationalsozialistische Heimchen, die Hüterin von Heim und Herd, wusste genau, wie sie sich zu verhalten hatte: »Die deutsche Frau raucht nicht und schminkt sich nicht« – und wenn sie dem Führer genug Kinder geschenkt hatte, bekam sie ab dem vierten Kind das Mutterkreuz. Und von diesem Heimchen verlangte man nun, die Kinder fortzuschaffen.

Wir näherten uns Stralsund. Kurz bevor wir umsteigen mussten, fiel mir etwas ein, das ich meine Mutter hätte fragen sollen. Wenn Onkel Friedel nun nicht angerufen hätte, aber wir Kinder allmählich Berlin verlassen sollten, wegen der Bomben – wohin wäre ich dann wohl gekommen? Hatte sie einen Plan im Hinterkopf? Wohin hätte sie mich geschickt? Merkwürdig, aber ich habe sie das niemals gefragt. Auch später nicht.

In Stralsund stiegen wir in einen Vorortzug bis zum Bahnhof des Städtchens Barth. Von dort ging es noch eine halbe Stunde weiter mit der Darß-Bahn – ich glaube, so hieß sie – bis zum Zingster Bahnhof. Den Bahnhof gibt es heute nicht mehr, die Gleise zwischen Barth, Prerow und Zingst wurden nach dem Ende des Krieges abgebaut und als Reparationsgut in die UdSSR transportiert.

Vor dem Bahnhof stand Onkel Friedel neben einer Kutsche, die mit zwei Pferden bespannt war. Ein Auto gab es nicht. Die Wehrmacht brauchte sein Auto ebenso wie unseren Berliner DKW, den Dampfkraftwagen. Nur Ärzte durften ihre Autos behalten, um rasch ihre Patienten zu erreichen. Ich war müde, spürte aber trotzdem die gleiche Faszination für Onkel Friedel wie im Sommer zuvor.

Welche Bewandtnis es mit diesem Onkel hatte, wusste ich damals noch nicht, ich hatte noch nicht einmal eine Ahnung. Es war ein Familiengeheimnis, und meine Mutter hatte mich nicht eingeweiht – was für eine prüde Gesellschaft wir damals waren! Wenn etwas mit dem Verhältnis der Geschlechter zu tun hatte, konnte man es einem fast neunjährigen Mädchen nicht zumuten.

Ein viel schwereres, lebensgefährliches Geheimnis kannte ich dagegen schon: Meine Eltern hassten die Nazis und arbeiteten heimlich gegen sie. Ich durfte niemandem davon erzählen.

Kurz vor meiner Einschulung im September 1941 hatte meine Mutter mich auf einen Spaziergang mitgenommen. Das war ungewöhnlich, denn normalerweise ging sie nicht gerne spazieren. Sie müsse mir etwas Wichtiges über unsere Familie erzählen, sagte sie. Ich fühlte mich geehrt, dass ich jetzt in etwas eingeweiht wurde.

Während wir durch den Park spazierten, nannte sie Hitler einen »bösen König«, der alle, die gegen ihn sind, »einen Kopf kürzer« macht. Meine Mutter schärfte mir ein, dass dies auch für sie und meinen Vater galt. Sie wollte mich warnen und schützen vor dem anderen Wind, der seit einigen Jahren in der Schule wehte, und es war ihr gelungen. Es klingt erstaunlich, dass ein Kind die Tragweite einer solchen Äußerung versteht, doch in Kriegszeiten werden Kinder viel früher erwachsen.

Meine großen Geschwister wussten längst Bescheid, und ich sollte es auch wissen, damit ich mich nicht verplapperte. Ich würde in der Schule nun andere Geschichten hören, sagte sie, die ich nicht glauben sollte, aber ich hätte zu schweigen. Unbedingt! Und zwar gegenüber allen Fremden! Jeder, den meine Eltern nicht kannten, konnte ein Denunziant und verkappter Nazi sein.

Ich war damals wohl noch zu klein, um wegen dieser Warnung Panik zu bekommen. Im Gegenteil: Ich war stolz, dass ich von dem großen Geheimnis der Erwachsenen erfahren hatte.

Je länger der Krieg andauerte, desto schwieriger war es jedoch, das Geheimnis für mich zu behalten. Ich erfuhr von einigen meiner Schulkameradinnen, dass ihre Väter gefallen oder vermisst waren. Eine von ihnen, Marion, mit der ich den Schulweg teilte, weil wir in derselben Straße wohnten, weinte eines Tages auf dem Rückweg herzzerreißend. Sie hatte schon sehr lange nichts von ihrem Vater aus Russland gehört. »Vielleicht lebt er gar nicht mehr«, schluchzte sie. Ich mochte Marion, und jetzt tat sie mir unendlich leid. Ich wusste nicht recht, was ich sagen sollte. Meine Eltern waren gegen die Nazis, sie standen auf der anderen Seite, im Gegensatz zu den meisten Deutschen. Sie hofften, dass Hitler den Krieg verlieren würde, aber gleichzeitig wurden so viele deutsche Soldaten, Väter meiner Schulkameradinnen, von den Soldaten, die den Krieg gewinnen sollten, erschossen.

Ich weiß noch genau, dass ich Marion am liebsten gefragt hätte: »Können deine Eltern den Hitler auch nicht leiden?« – Der Satz lag mir auf der Zunge, aber ich konnte ihn gerade noch rechtzeitig verschlucken. Beim Mittagessen erzählte ich dann davon. Meine Mutter erschrak und fragte: »Hast du etwa etwas von uns verraten? Du musst es ehrlich sagen!«

»Nein, habe ich nicht.«

Zum Glück war der Fall damit erledigt. Meine Eltern konnten sich auf mich verlassen, und ich habe mich bis zuletzt nicht verplappert. Ich war ein folgsames Antinazikind.

Ich glaube, dass die meisten Kinder so etwas wie ein moralisch intaktes Koordinatensystem haben. Ich fühlte und wusste wohl schon mit sechs Jahren, dass das Vertrauen, das meine Eltern in mich setzten, etwas Großes und Ungewöhnliches war. Sie schenkten mir ihr Vertrauen, und ich erwiderte es mit meiner Verschwiegenheit.

Unter den Antinazieltern gab es geteilte Meinungen: War es nicht besser, den Kindern gar nichts zu sagen, um sie nicht zu verängstigen und dem Druck einer Mitwisserschaft auszusetzen? Meine Eltern waren der gegenteiligen Überzeugung. Ich habe einen Brief meines Vaters an meine Mutter nach deren Tod gefunden, in dem mein Vater wörtlich schreibt: »Ich weiß, dass Du zweifellos einen weit größeren Einfluss auf die Erziehung der Kinder gehabt hast als ich, aber unter den wenigen gelungenen Dingen meines Lebens habe ich es immer als eines der besten betrachtet, in einer Zeit einer überwältigenden Diktatur dazu beizutragen, dass vier Kinder in einer menschlichen und freiheitlichen Atmosphäre aufwachsen konnten.« Mit ihrer Haltung und ihrem Vertrauen in ihre Kinder haben meine Eltern meinen Geschwistern und mir ein Leben mit geradem Rücken geschenkt.

Onkel Friedel trug seine Knickerbocker, die ich so gerne gemocht hatte. Ich wusste, dass ich ihm vertrauen konnte, sonst hätten meine Eltern mich nicht zu ihm geschickt.

Isa und ich stiegen in die Kutsche, und auf rumpligem Kopfsteinpflaster ging es nach Müggenburg. Es war stockfinstere Nacht. Ich kannte zwar die Dunkelheit in Berlin, denn dort war es strenge Vorschrift, stets die Verdunkelung einzuhalten. Kein Lichtschein durfte nach draußen dringen – wegen der Flieger! Doch diese ländliche Dunkelheit war ganz anders. Sie ging einher mit einer Stille, die es in der Stadt nicht gab. Außer dem Getrappel der Pferdehufe auf dem Kopfsteinpflaster war kein Geräusch zu hören. Und obwohl es November war, bemerkte ich einen wunderbaren Geruch, nach Feuchtigkeit, Blättern und Gras.

Ich war todmüde, aß noch eine Milchsuppe und verschwand dann sofort ins Bett. Man musste mich nicht darum bitten. Das Zimmer würde ich fortan mit dem kleinen Christian teilen, der an diesem Abend bereits schlief.

Ich atmete tief durch und wusste: Heute Nacht konnte ich durchschlafen, weil es keinen Bombenalarm geben würde. Allerdings auch kein abendliches Klavierspiel von meiner großen Schwester.

Kurti, Sigi, Rudi

Am nächsten Morgen wurde ich von Christian geweckt. Ich sah auf die Armbanduhr mit dem roten Lederbändchen, die mir meine Mutter kurz vor der Abreise geschenkt hatte, und seufzte: Noch nicht mal sieben Uhr.

Es war noch nicht hell draußen, und vom Bett aus deutete nichts darauf hin, dass das Meer nur knapp eineinhalb Kilometer weit entfernt war. Ich wusste im Grunde überhaupt nicht, was mich in den folgenden Monaten erwarten würde. Christian sah plötzlich gar nicht mehr so unwiderstehlich, strahlend und vollkommen anders aus, wie er mir noch im Berliner Bunker erschienen war. Er war nur ein freundlicher kleiner Junge, und ich war mir nicht sicher, ob es mir gefiel, mein Zimmer zu teilen. In Berlin hatte ich schließlich ein eigenes Zimmer ganz für mich allein gehabt.

Aber Christian schien sich zu freuen, dass ich da war. Er zupfte an meiner Bettdecke und sagte vergnügt: »Du kleine Mädchen, wir jetzt aufstehen! Kleine Mädchen, komme mit!« Wie mir bald auffallen sollte, begegnete er allen Fremden in diesem Deutsch der polnischen Landarbeiter.

Ich grummelte und hätte gerne noch länger geschlafen, doch ich tat etwas, was für viele Kinder damals normal war: Ich redete mir gut zu und machte mir klar, dass es keinen anderen Weg gab. Hier war niemand, der mir ein eigenes

Zimmer organisiert hätte. Ich war jetzt nicht mehr in Berlin, und ich musste allein zurechtkommen. Ich würde mich schon daran gewöhnen, mein Zimmer zu teilen. So, wie ich mich in letzter Zeit an vieles gewöhnt hatte. Zum Beispiel daran, dass ich nur wenigen sagen durfte, was ich wirklich über die Nazis dachte, dass Berlin zur Hälfte aus zertrümmerten Häusern bestand oder daran, dass meine Mutter oder mein Vater in diesem Moment einfach nicht erreichbar waren. Mir blieb nichts anderes übrig, als mich aus dem Bett zu rollen.

Tante Maria kam ins Zimmer und zog Christian an. Ich erinnere mich noch genau an das scheußliche Leibchen, das sie ihm überstreifte. Als Stadtkind kannte ich solche Leibchen nicht. Und dann knöpfte sie auch noch lange, gestrickte Strümpfe daran. Ich bekam schon vom Hingucken eine Gänsehaut, während ich meine städtischen Sachen anzog. Mussten die Wolldinger nicht furchtbar kratzig sein?

Zum Frühstück gab es Haferbrei und Graubrot mit Butter oder Schmalz, dazu warme Milch. Möglichst unauffällig schob ich die Haut auf der Milch zur Seite, bevor mir übel wurde. Das machte ich auch in Berlin, aber hier wollte ich nicht den Eindruck erwecken, ich sei etepetete.

Zu meiner Enttäuschung hatte Onkel Friedel schon früher gefrühstückt und war bereits auf dem Feld.

»Du kannst heute noch zu Hause bleiben«, sagte Tante Maria und sah mich aufmunternd an. Mir stand also ein Ferientag an der Ostsee bevor.

»Aber ab morgen«, fügte sie etwas strenger hinzu, »bist du in der Schule angemeldet.«

Ich konnte mir meine neue Schule an der Ostsee kaum vorstellen. In Berlin war ich auf eine Mädchenschule gegangen – ein großer, grauer Kasten mit vier Stockwerken, Aula, Turnhalle und vielen Klassenzimmern an langen Fluren. Hinter der pompösen, hohen Eingangstür erwartete einen an jedem Morgen ein dumpfer, unangenehmer Geruch; ich nehme an, es war die typische Mischung aus Bohnerwachs und Schweiß.

Was im Nachhinein nicht verwunderlich war. Wenn die Lehrerin Fräulein Seek das Schulzimmer betrat, sagten wir nicht »Guten Morgen, Fräulein Seek«, sondern: »Heil Hitler«. Natürlich im Stehen und mit erhobenem Arm. Dann folgte eine Art Gebet, das wir ebenfalls im Stehen aufsagten: »Händchen falten, Köpfchen senken – immer an den Führer denken. Er gibt euch euer täglich Brot und rettet euch aus aller Not.« Hitler war demnach die Gottfigur, die uns am Leben hielt. Wenn man das als Kind jeden Tag aufsagt, fängt man irgendwann an, es wirklich zu glauben, und das galt sicher für einige.

Zwischen Rechnen, Schreiben und Lesen erfuhren wir auch immer mal wieder etwas über Adolf Hitler und seine *tapferen* Leute von der SA.

Auch ein toter, junger *Held* wurde uns nahegebracht, und wir lernten sein Lied: »Die Fahne hoch, die Reihen fest geschlossen, SA marschiert, mit ruhig festem Schritt… Die Straße frei den braunen Bataillonen… Zum letzten Mal wird Sturmalarm geblasen!«

Der *Held* hatte Horst Wessel geheißen, und sein Lied wurde geliebt wie eine zweite Nationalhymne. Wir Mädchen sangen es in der Turnhalle, während wir wie kleine Gänse hintereinander hermarschierten. Viel begriffen wir davon nicht. Wir konnten uns nicht ausmalen, wie real das Morbide darin bereits war.

Besser verstanden wir das Lieblingslied von Fräulein Seek: »Wir sind des Führers jüngste Schar, Heil Hitler, dir!« Auch das sangen wir im Marschtempo in der Turnhalle. Wahrscheinlich gehörte das weißhaarige Fräulein Seek zu der Schar jener unzähligen sentimentalen Anbeterinnen des Führers.

Natürlich machte ich das alles mit, wie es mir meine Mutter gesagt hatte. Ich hielt meinen Mund und fühlte mich gleichzeitig erhaben über das Nazigetue. Es prallte an mir ab, und ich wusste es besser.

Allerdings gab es eine Ausnahme. Im Herbst 1942 wurden wir Kinder aufgefordert, *Altmaterial* zu sammeln. Dies sollten wir einmal in der Woche in der Schule abgeben. Papier, alte Kleider, Lumpen, Tierknochen und – am wertvollsten – Altmetall.

Fräulein Seek versuchte, den Wettbewerb unter uns Mädchen anzuspornen. Deshalb las sie die Namen der tüchtigen Schülerinnen und das Gewicht ihrer gesammelten Waren jedes Mal der Reihe nach laut vor. Es gab Ahs und Ohs und Applaus bei »zehn Kilo Zeitungen« oder »fünfzehn Kilo Altkleider«. Nur bei »Cornelia Helmrich« sagte Fräulein Seek: »Null«, und danach gab es Gelächter. Meine Mutter weigerte sich natürlich, bei der Sammelaktion mitzumachen.

»Für Hitler geben wir nichts«, sagte sie stur, und mehrere Wochen lang ertrug ich das peinliche Gelächter, bis ich sie schließlich anflehte: »Bitte gib mir doch auch mal irgendwas mit. Irgendetwas.«

»Na schön«, meinte sie ungerührt und überlegte einen Augenblick, bis ihr einfiel: »Wir essen Sonntag Hühnchen, dann kannst du ja die Knochen mitnehmen.«

Ich war zunächst erleichtert, nicht wieder mit leeren Händen zu kommen, doch als Fräulein Seek in der nächsten

Woche bei »Cornelia Helmrich« die Ausbeute: »Dreihundert Gramm Hühnerknochen« vorlas, war das Gelächter brüllend, die Blicke giftig, und ich fühlte mich elender denn je.

Meine Mutter wurde daraufhin zur Direktorin bestellt. Ich weiß nicht, ob man ihr vorwarf, zu *wenig* Hühnerknochen gesammelt zu haben, oder dass sie überhaupt auf die Idee gekommen war, die Nazis könnten mit den abgenagten Essensresten etwas anfangen.

Aber meine Mutter stellte sich dumm. »Ich dachte«, sagte sie, »ich hätte etwas falsch verstanden. Unsere sauberen, blonden Arierkinder müssen doch so dreckiges Zeug nicht anfassen!«

Und sie setzte noch eins drauf: »Lumpensammler, das waren doch immer die Juden, oder?«

Darauf fiel der Direktorin nichts mehr ein. Sie befahl zwar als Strafe für mich, ich solle hundertmal »Ich soll Altmaterial sammeln« aufschreiben, aber meine Mutter sagte mir gleich: »Dazu wird es gewiss nicht kommen.« Sie hatte den Untertanengeist der Direktorin richtig eingeschätzt: Damit war die Sache für mich erledigt.

Auch in der Schule gab es einen Luftschutzraum. Immer wieder heulten die Übungssirenen mitten im Unterricht auf, und dann wurden wir – man kann es kaum anders sagen – in den Keller unter dem Pausenhof *hineingetrieben*. Auch wenn es nur eine Übung war, klangen die Kommandos der Lehrerinnen militärisch und beängstigend. »Marsch, marsch, beeilt euch! Marsch, marsch, in den Keller!«

Ich hoffte, nie wieder in diesen weitläufigen, dunklen Keller und nie wieder in der Turnhalle zu Naziliedern marschieren zu müssen. Überhaupt hoffte ich, Fräulein Seek nie wiederzusehen.

Die Schule in Müggenburg war ganz anders. Kein riesiger, grauer Quader, sondern ein kleines, rotes Einfamilienhaus. Es gab keine lauten Flure, in denen die Kinder umherwuselten, sondern nur ein einziges Klassenzimmer. Hier wurden alle schulpflichtigen Kinder unterrichtet, und wenn es einmal keine Kinder im entsprechenden Alter gab – dann fiel die Klasse einfach aus.

Es gab auch nur einen einzigen Lehrer, den Lehrer Gertz, der alle Kinder, von der ersten bis zur achten Volksschulklasse, gleichzeitig unterrichtete. Ich gehörte – mit zwei anderen Kindern – genau genommen zur dritten Klasse, aber es machte mir Spaß zuzuhören, was er den älteren Kindern beibrachte. Mir ist erst im Nachhinein richtig klar geworden, was für ein tüchtiger Lehrer er gewesen sein muss – er hat uns vieles beigebracht. Und vor allem: Er war glücklicherweise kein Nazi.

Er nutzte seinen persönlichen Spielraum, um sich – und uns – dem Naziregime ein wenig zu verweigern. So gab es keinen morgendlichen Fahnenappell, obwohl neben dem kleinen Schulgebäude ein Fahnenmast stand. Auch kein Sirenengeheul und keinen Luftschutzdrill. Wir sangen keine Nazilieder, und wir sagten auch nicht »Heil Hitler«, sondern »Guten Morgen«.

Aber auch hier im Dorf gab es einige, denen das nicht völkisch genug war. Später habe ich von der Enkelin des Lehrers Gertz erfahren, dass er von einem Bauern aus dem Dorf angezeigt worden war. Es gelang ihm glücklicherweise, sich mithilfe eines befreundeten Rechtsanwalts zu verteidigen.

Das Schweigeversprechen, das ich meiner Mutter gegeben hatte, begleitete mich noch immer jeden Tag. Sie musste nicht hier sein, damit ich mich daran erinnerte, ich wusste es auch so. Friedel und Maria dachten natürlich wie meine Eltern, doch hier wurde ich nicht mehr jeden Tag mit einer völkisch denkenden Lehrerin konfrontiert, und deshalb war der Druck dieses Versprechens, das Bewusstsein, dass ein falsches Wort meine Eltern verraten konnte, für mich an der Ostsee nicht mehr so stark zu spüren.

Trotzdem hatte ich am Morgen nach meinem ersten Müggenburger Schultag Bauchschmerzen.

Als Tante Maria in mein Zimmer trat, erklärte ich: »Ich bin krank. Ich kann heute nicht zur Schule.«

Ich simulierte nicht. Ich hatte tatsächlich Bauchschmerzen, und zwar aus Angst. Ich fürchtete mich vor der Schule, dem Unterricht und den anderen Kindern. Oder genauer gesagt: Es war der Heimweg, vor dem ich mich fürchtete. Der Heimweg mit Kurti, Sigi und Rudi.

Kurti hatte rote Haare, Sigi war schlaksig, und Rudi lief außerhalb der Schule am liebsten in seiner HJ-Kluft herum. Die Jungs waren alle viel älter als ich – ungefähr vierzehn –, und sie hatten mich angerempelt und dabei ein Spottlied gesungen: »Du bist verrückt mein Kind, du musst nach Berlin, da, wo die Verrückten sind, da gehörst du hin.« Auch während des Unterrichts hatten sie mich geärgert, und ich kannte niemanden, der mir beispringen konnte.

Ich war ein leichtes Ziel – ich sah aus wie eine Stadtgöre, ganz anders als die Kinder vom Dorf. Sie nannten mich »Bubikopf« – wie hasste ich dieses Wort –, weil ich keine Zöpfe, sondern als einziges Mädchen kurze Haare hatte. Ich trug auch keine von den typischen ländlichen Schürzen, sondern kurze, städtische Kleidchen.

Während ich im Bett lag, brachte mich schon der Gedanke an die drei *gefährlichen* Jungen fast zum Heulen.

Aber wie war das möglich? Wie konnte ein Mädchen, das Bombennächte durchgestanden und ihren Vater zu den *Partisanen* in Polen begleitet hatte, ein Mädchen, das mehr über das Naziregime und den täglichen Terror wusste als die meisten anderen deutschen Kinder – wie konnte sich dieses Mädchen von ein paar pöbelnden Dorfjungs derart verängstigen lassen?

Ich kann es mir heute nur so erklären: Kurti, Sigi und Rudi waren der Tropfen, der das Fass zum Überlaufen brachte. Ich hatte die wirklichen Gefahren hinter mir gelassen, und jetzt konnte ich diesen kleinen Ärger nicht auch noch ertragen. Ich machte praktisch kurz hinter der Ziellinie schlapp.

Es gab sicher viele Kinder, die damals mit Bauchschmerzen im Bett lagen. Tante Maria sah mich skeptisch an, ließ mich aber zwei Tage gewähren und brachte mir morgens Tee ans Bett. Bald konnte ich durch das offene Fenster die salzige Luft der Ostsee riechen, und wenn ich aufstand, sah ich den üppigen Gemüsegarten, den Maria an der Längsseite des Hauses angelegt hatte. Sie war eigentlich ausgebildete Geflügelzüchterin – in Müggenburg kümmerte sie sich um das Geflügel und um die Schweinezucht.

Maria kam als Bauerstochter vom kleinen Kirr, einer Insel im Bodden. Sie hatte für alles, was grün war und wachsen konnte, ein Händchen, außerdem mangelte es ihr nicht an neuen Ideen: Auf der anderen Seite des Hauses hatte sie einen großen, bunten Staudengarten angelegt – im damaligen Müggenburg war das einzigartig.

Am dritten Tag meiner Bauchschmerzen reagierte Maria allerdings so, wie es in der damaligen Zeit wahrscheinlich viele Mütter getan haben: Sie zog mir die Bettdecke weg und herrschte mich an: »Schluss jetzt mit deinem Bauchweh! Du stehst jetzt auf, ziehst dich an, und ab in die Schule!«

Ich war beleidigt. Aber es blieb mir nun mal nichts anderes übrig, als in die Schule zu gehen.

Der kleine Kirr

Es gab noch ein anderes Hindernis auf meinem Schulweg. Eine Kreatur, die *Gule-Gule* schrie und auf halber Strecke auf dem Gehöft von Bauer Pieritz wohnte. Man MUSSTE daran vorbei, egal, welchen Weg man nahm.

Immerhin hatte ich inzwischen eine Methode gefunden, mich ein wenig dörflicher zu machen und mich der Kleidchen, die mir Tante Maria zum Anziehen hinlegte, zu entledigen. Ich hätte am liebsten Hosen getragen, aber die gab es damals für Mädchen nicht. Allerdings hatte ich eine Trainingshose, die ich unter dem Kleid verstecken konnte, indem ich die Hosenbeine so weit wie möglich hochkrempelte. War ich außer Sichtweite, krempelte ich die Trainingshose wieder herunter und wurschtelte mein Kleid in den Hosenbund. So sah ich schon weniger städtisch aus, doch meine Haare durfte ich – eine Anweisung meiner Mutter, die wohl auf keinen Fall wollte, dass ich aussah wie ein BDM-Mädel – noch nicht länger wachsen lassen. Das geschah erst später, als die Russen schon da waren und niemand mehr Zeit hatte für den Friseur.

Aber auch mit Trainingshose fürchtete ich mich vor der kreischenden Kreatur. Es war der hässliche, riesige Truthahn von Bauer Pieritz.

Mit dem Truthahn war es ungefähr so wie mit den Nazis: Es gab zwei Möglichkeiten, als Nazigegner mit ihnen klarzukommen – eine sichere und eine gefährliche.

Entweder versteckte ich mich und schlich so leise wie nur irgend möglich an der Pieritz'schen Hofeinfahrt vorbei. Das war die sicherste Methode, doch bezahlte man sie mit Angst.

Meine Mutter hat zahlreiche Juden bei uns zu Hause versteckt, und dabei muss sie ständig Angst vor Entdeckung und den tödlichen Konsequenzen gehabt haben.

Man konnte aber auch einfach kreischend auf das Vieh zulaufen. Dann bekam es der Truthahn manchmal selbst mit der Angst zu tun und lief vor einem davon. Das war die gefährliche Methode, die viel Mut erforderte und bei der es keine Garantie gab.

Im Gespräch mit der Direktorin wegen des Altmetalls ist meine Mutter so vorgegangen, und auch mein Vater hat in Polen einmal auf diese Weise einen Juden gerettet: Naftali Backenroth, ein stattlicher Mann mit leuchtenden blauen Augen, war bei der Gestapo beliebt und konnte deshalb zahlreiche Juden verstecken. Es gab nur ein Problem: Er war selbst Jude, eine Tatsache, die er nicht für immer geheim halten konnte. Also ersann er mit meinem Vater ein tolldreistes Manöver: Er deklarierte sich mit einer fantastischen Geschichte zum Arier um – das jüdische Baby seiner jüdischen Mutter sei in Wirklichkeit bei der Geburt gestorben, sein Vater habe der Frau die schreckliche Nachricht nicht zumuten wollen und ihr deshalb das *schändliche,* zufällig im Nebenzimmer geborene Kind einer *arisch geschwängerten* Dienstmagd, die froh gewesen sei, den Beweis der Schande loszuwerden, als Sohn vorgestellt. Das Ganze wurde mit einer auf alt gemachten Geburtsurkunde bezeugt. Die Gestapo-Gesellen wagten es nicht, ein *echtes deutsches* Dokument infrage zu stellen und feierten mit Backenroth seine *deutsche Wiedergeburt*. »Wir wussten, dass jemand wie du kein Jude sein kann«, riefen sie, und Backenroth konnte im Hintergrund weiter Juden verstecken.

Mir gelang es jedoch nicht oft, den Truthahn zu überrumpeln. Wenn ich es versuchte, kam er mir manchmal noch lauter röhrend hinterher, und ich rannte, so schnell ich konnte.

Und dann war da noch die Klapperschlange. Ich hatte mich inzwischen an den Darß gewöhnt, aber als meine Heimat empfand ich die Halbinsel noch nicht.

»Ihr schreibt jetzt: Meine Heimat ist Müggenburg/ Zingst auf dem Darß«, sagte der Lehrer Gertz eines Morgens. Die Klapperschlange lag neben ihm auf dem Lehrerpult. So nannten wir seinen dünnen Rohrstock. Er war in der Mitte geborsten, deshalb klapperte es, wenn er damit durch die Reihen ging, und dann passte man besser auf.

Allerdings traf es uns Mädchen so gut wie nie, höchstens leicht auf die Finger. Schlimmer war für die Mädchen die Aufforderung: »Stell dich in die Ecke!« Dann mussten wir eine halbe Stunde lang wie Aussätzige am Rand stehen, spürten die Peinlichkeit des Prangers und gleichzeitig die immer schwerer werdenden Beine.

Ich legte meinen Stift beiseite und erklärte: »Nein, das schreibe ich nicht.«

»Und warum nicht?«

Ich erwiderte: »Weil es nicht stimmt.«

»Schreib es trotzdem!«

»Nein, es ist doch gelogen.«

»Willst du dich in die Ecke stellen?«

»Aber Müggenburg ist doch gar nicht meine Heimat«, beharrte ich, »ich komme doch aus Berlin!«

Herr Gertz war ein umgänglicher und vielleicht auch moderner Mensch, der etwas von Demokratie verstand. Denn statt nach der Klapperschlange zu greifen oder mich in die Ecke zu beordern, machte er mir einen Kompromissvorschlag: »Dann schreib eben«, sagte er: »Meine Heimat ist Berlin, mein Wohnort ist Müggenburg/Zingst auf der Halbinsel Darß.«

Damit war ich einverstanden.

Auch wenn ich damals das Wort »Kompromiss« noch nicht kannte – es mag sein, dass ich in diesem kleinen Wortwechsel etwas gelernt habe, was ich später sehr gut gebrauchen konnte. Der Kompromiss war das vernünftige Ende einer Auseinandersetzung, etwas, mit dem sich beide Seiten einigen konnten. Politik ohne Kompromisse gibt es nur in einer Diktatur.

Allerdings änderte der Kompromiss nichts an meinem tief sitzenden Gefühl: Ich mochte in Müggenburg wohnen, doch Müggenburg war nicht mein Zuhause. Besonders stark empfand ich dies in der Adventszeit von 1943. Je näher Weihnachten rückte, desto stärker wurde mein Heimweh. Es würde das erste Weihnachten ohne Familie sein, und die Erleichterung, Berlin und den Bomben entronnen zu sein, wurde in dieser Zeit irgendwie löchrig.

So saß ich im Kinderzimmer an meinem Schreibtisch und schrieb kummervolle Briefe nach Berlin. Telefonieren war schließlich teuer, und in den Gesprächen musste ich mich auf wenige Minuten beschränken.

»Mein Tisch ist ganz abgenässt von meinen Tränen«, schrieb ich, wahrscheinlich damals schon in einer gewissen ironischen Distanz. Aber es half ja nichts. Ich konnte an der Realität nichts ändern. Ich musste durchhalten, und Tränen würden mir dabei nicht helfen.

»Wieso könnt ihr mich denn nicht besuchen?«, schrieb ich, obwohl ich die Antwort kannte. Meine Mutter hatte in Berlin genug zu tun, und auch meine Schwestern konnten nicht plötzlich mal für ein Wochenende weg, wie es heutzutage überall üblich ist. Trotzdem klangen die Antworten meiner Mutter am Telefon manchmal ausweichend, besonders, wenn ich nach Onkel Friedel fragte. Aber das schrieb ich dem Krieg zu und der schwierigen Situation, in der wir uns alle befanden.

Mein Vater war 1941 ins sogenannte Generalgouvernement Polen versetzt worden, und mein Bruder Konstantin war seit dem Sommer 1943 – nach einem sogenannten Notabitur nach verkürzter Schulzeit – bei der Wehrmacht. Er kam nach Polen zur militärischen Ausbildung und war zu der Zeit wahrscheinlich schon an der russischen Front.

Ich wusste, dass die russische Front von allen am meisten gefürchtet wurde. Seit Stalingrad hatte sich das Blatt gewendet, und die Sowjetarmee kam immer näher in den Westen.

Wie ging es ihnen bloß allen?

Ich saß in dem kleinen, einfach möblierten Zimmer und schrieb: »Auf dem Darß ist es kälter geworden, und das Meer ist jetzt manchmal stürmisch.« Meine Familie war in Europa zerstreut.

Doch dann gab es in den Weihnachtsferien eine Überraschung, die mich mein Heimweh vergessen ließ: Ich durfte Ferien auf dem Kirr machen, bei Oma und Opa Bussert, Tante Marias Eltern.

Der Kirr war eine kleine Insel im Bodden, jenem Gewässer, das den Darß vom Festland trennt. Damals hieß er noch der *kleine Kirr,* denn es gab auch noch einen *großen.* Etwa in der Hälfte des letzten Jahrhunderts sind der *große* und der *kleine Kirr* jedoch zusammengewachsen – die Wasserbarriere dazwischen versandete. Heute gibt es deshalb nur noch *den einen* Kirr.

Ich wurde mit einem kleinen Ruderboot von der Müggenburger Bodden-Brücke zum Kirr übergesetzt. Hinter der Insel sah man das Panorama des Festlands, und ich erkannte den schlanken Kirchturm der Hafenstadt Barth.

Die flache Landschaft bestand aus weiten Salzwiesen, Wasser und Himmel. Das Ruderboot wurde an einem hölzernen Steg festgemacht, und ich stieg aus. Weit und breit verursachten unsere Füße auf dem knarrenden Steg das einzige Geräusch. Der Kirr schien mir sogar noch ruhiger, noch friedlicher als der Darß. Ich folgte dem schilfumsäumten Weg zu einem wilden Bauerngarten, der wiederum von einer hohen Hecke umgeben war. Es ging ein überwältigender Zauber von diesem Ort aus.

Selbst im Winter war klar, dass Tante Maria ihr grünes Händchen von ihrer Mutter geerbt hatte. In der Mitte des Gartens stand das Bauernhaus, dessen weiße Stufen zu einer weißen Eingangstür führten. Die rundliche Frau, die mich liebevoll empfing, war Oma Bussert. Es ging nicht nur eine natürliche Autorität von ihr aus, sondern auch große Herzlichkeit. Vor allem hatte sie einen herzhaften Humor. Man nannte sie scherzhaft »die Königin vom Kirr«.

Opa Bussert, ein rüstiger älterer Mann, war nicht weniger herzlich, obwohl er Grund genug hatte, nachdenklich und ängstlich zu sein. Er musste den Hof allein führen – seine drei erwachsenen Söhne, die Brüder von Tante Maria, waren fort. Zwei von ihnen als Soldaten bei der Wehrmacht, der dritte als Ingenieur in einem kriegswichtigen Betrieb.

Der Zauber des kleinen Kirr hatte für mich nicht nur mit der Natur zu tun, sondern auch mit den Busserts selbst. Der Hof gehörte ihnen schon seit fünf Generationen. In dieser weiten Verwandtschaft gab es viele Bauern, aber auch Männer, die zur See gefahren waren, echte Seefahrer, die aus der Ferne seltsame, mir unbekannte Dinge mitgebracht hatten, die nun im Wohnzimmer standen und mich zum Staunen brachten. Kleinere Möbelstücke, Bücher, ein Bild, ein Gefäß aus Ton und etwas, das wie ein komisches Gesicht aussah, und, wie ich auf Nachfrage erfuhr, aus Afrika stammte.

Zwischen diesen Dingen, die mich an ferne Abenteuer erinnerten, saßen wir abends beisammen und sangen Lieder. Immer wenn auch Tante Maria auf dem Kirr war, fragte sie dann: »Soll ich mein Akkordeon holen?«

Natürlich sollte sie das!

Als im Januar 1944 die Temperaturen unter den Gefrierpunkt sanken, fragte mich Opa Bussert: »Kannst du eigentlich Schlittschuh laufen?«

Ich konnte es nicht, hatte es aber auch noch nie versucht.

»Dann musst du es unbedingt mal probieren«, sagte er.

Leider hatte er keine Schlittschuhe in meiner Größe mehr, doch auf der Nachbarinsel Oie konnte er ein paar *Holländer* organisieren. Das waren Schlittschuhe, die aus einem festen Holzteil mit flachen Kufen und Lederriemen zum Festschnallen bestanden. Bestens geeignet für Anfänger, da man mit diesen Dingern nicht umkippen kann.

Mit den Holländern unter den Füßen konnte ich sofort auf den zugefrorenen Bodden. Ich glitt über die weite Fläche. Der Horizont war klar und die Luft wie sauber gewaschen. Die Eisfläche verband den Kirr mit dem Darß. Mit den Holländern unter den Füßen brauchte ich kein Ruderboot und konnte sogar Besuche über das Eis machen.

An vielen Stellen war die Wasseroberfläche jedoch zu kleinen Wellenbuckeln gefroren, und ich kam nur schwer voran. Doch dort, wo die Eisfläche glatt war, schwebte ich fast über das Eis – was für ein herrliches Gefühl von Freiheit!

Ein bunter Haufen

Das Dorf Müggenburg bestand damals eigentlich nur aus einer ungeteerten Sandstraße, die auf der Hälfte durch eine gerade Chaussee gekreuzt wurde. Im Westen führte die Chaussee nach Zingst, im Osten bis zum Ort Sundische Wiese und dann weiter zur östlichen Spitze der Halbinsel.

Friedels Hof lag in der Sackgasse, am Ende der Sandstraße. Es gab zwei Wohnhäuser – das neue und das alte Haus – und zwei Stallgebäude. Hinter der Hofanlage begann dichter Wald.

Das alte Haus war einmal ein richtiges Gutshaus gewesen, aber das Gut gab es inzwischen nicht mehr, die Ländereien des Guts waren längst aufgeteilt und verkauft worden. Ich wohnte im neuen, modernen Haus, das Friedel für sich und Maria hatte bauen lassen, Omama im alten Haus. Damals erschien mir alles sehr groß. Es war umgeben von riesigen Eichen und Buchen und machte einen herrschaftlichen Eindruck auf mich. Bei einem viel späteren Besuch war von dem alten Haus buchstäblich nichts mehr übrig, nicht einmal die Grundmauern. Nur die großen Bäume, die es einstmals umstanden hatten, gaben eine Ahnung, wo einmal dieses Haus gestanden hatte. Das neue Haus gab es zwar noch, aber es war eine Ruine. Und es war viel kleiner, als ich es in Erinnerung hatte.

Das tägliche Leben im alten Haus war nicht einfach: Der Herd wurde mit Holz und Briketts geheizt, und es gab keinen Wasseranschluss, also musste das Wasser eimerweise von der Pumpe mit dem schweren Schwengel hinter dem Haus herbeigeschleppt werden. Das Klo war ein entleerbarer Kasten, und natürlich gab es weder Badewanne noch Dusche. Man goss Wasser in eine Schüssel und wusch sich darin, nur fürs Zähneputzen stand eine kleine Extrakanne bereit.

Ich war aus Berlin zwar einen etwas anderen Komfort gewohnt, doch bald störte mich das alles nur noch wenig – die einfache Ausstattung schien zum Landleben zu passen. Mir war viel wichtiger, dass immer etwas los war. Es gab hier nicht nur Tiere, einen Heuboden, den Strand, die Wiesen und den Bodden zum Spielen, sondern auch genügend Kinder, die dabei mitmachen konnten. Ich hatte auf dem Darß plötzlich mehr Verwandte und Nennverwandte als jemals in Berlin.

Im alten Haus wohnte nämlich nicht nur Omama, sondern auch Tante Hilde mit ihren Kindern Claudine, Justus, Monika und Amelie. Mit dem vierzehnjährigen Justus stritt ich mich häufig, mit Claudine freundete ich mich bald an. Sie ging auch in die Dorfschule von Herrn Gertz, nur in eine Klasse unter mir. Sie war ein Jahr jünger als ich.

Das Haus war gleichzeitig ein Zufluchtsort für mehrere Stadtflüchtlinge aus dem Berliner Bekanntenkreis von Onkel Friedel. Obdach bot es zum Beispiel einer Familie Meier mit ihren zwei sehr kleinen Söhnen Thomas und Andreas. In einem Seitenflügel wohnte die polnische Landarbeiterfamilie Sikora mit ihren beiden Söhnen Franciszek und Jannek, der mit Christian das Behelfsdeutsch plapperte. Unsere beiden Hausmädchen Sofie und Marianne und der allseits bewunderte *Traktorist* Jeschek wohnten mit den anderen polnischen Arbeitern im sogenannten »Polenhaus«, nicht weit entfernt von unserem Hof. Jeschek hatte ein gewisses Zwinkern in den Augen, und mit seinen lässigen Bewegungen und dem flotten Oberlippenbart fand ich ihn ungeheuer männlich – später erinnerte mich im Kino Clark Gable immer an ihn. Die Jungs bewunderten ihn ebenfalls, weil er den Traktor nicht nur steuern und auseinandernehmen, sondern nachher auch wieder zusammensetzen konnte.

Ich würde Müggenburg gern als das unbeschwerte Kinderparadies in Erinnerung behalten, das es oft genug war: Ein bunter Haufen von Polen, Deutschen, Landarbeitern, Landwirten und Flüchtlingen, die zusammen auf dem Hof spielten, zusammen aßen und miteinander lachten. Friedels Hof stand jedem offen, der kein Nazi war.

Auf dem Hof musste ich mich auch nicht verstellen, denn Gelegenheiten, seine Abneigung gegen Hitler wortreich kundzutun, gab es genug. Der Druck des Antinazigeheimnisses, den ich in Berlin manchmal so stark empfunden hatte, war auf dem Darß geringer geworden, schon allein deshalb, weil das Nazigetue hier nicht mehr so überdeutlich präsent war.

Wir waren ein bunter Haufen, der kein Blatt vor den Mund nahm. Ich erinnere mich zum Beispiel sehr lebhaft an einen Abend im Herbst 1944, als Sofie, Marianne, Tante Maria und ich auf der Eckbank in der Küche saßen und ein unerhörtes Spiel spielten, bei dem wir uns gegenseitig zu überbieten suchten.

Das Spiel ging so: »Was mache ich mit Hitler, wenn ich ihn fange?« Vielleicht hatte ich damals noch nicht verstanden, *wie unerhört* dieses Spiel tatsächlich war.

Es waren schon einige Vorschläge gemacht worden, doch dann kam die schöne Sofie an die Reihe. Sie saß mir gegenüber und sah mich mit funkelnden Augen an. »Wisst ihr, was *ich* mit ihm machen würde?«, fragte sie in die Runde.

Sie wartete einen kunstvollen Augenblick, und ich rutschte vor Spannung auf dem Stuhl ein Stück nach vorne.

Das Kinderparadies war jedoch nicht erst im Nachhinein von dunklen Flecken getrübt. Es gab Flecken in meinen eigenen Stimmungen – immer wieder schlichen sich Heimweh und Sorge um die Familie in meine Gedanken. Was mit ihnen war, ob es ihnen gut ging und wann ich sie wiedersehen würde – unterschwellig beschäftigten mich diese Fragen oft. Doch mir wurde auch klar, dass mir die bloße Sorge nicht weiterhalf. Es gab nichts, was ich als kleines Mädchen hätte tun können, um die Lage in Russland oder Berlin – für Konstantin und meine Geschwister – zu verbessern.

Aber es gab auch äußere, sehr gut sichtbare Flecken. Alle Polen, auch Jeschek und die Familie Sikora, mussten damals ein auf die Spitze gestelltes Viereck mit einem lilafarbenen *P* auf gelbem Untergrund tragen. Sie mussten sich selbst als Polen kennzeichnen, um zu verhindern, dass man sie fälschlicherweise für Deutsche hielt. Egal, wie selbstverständlich sie also mit uns am Tisch saßen, egal, wie oft wir gemeinsam lachten – das blaue *P* brandmarkte sie als Menschen zweiter Klasse.

Christian und ich gingen zum Beispiel abends sehr gern zu den Sikoras hinüber, weil wir fanden, dass die Bratkartoffeln bei Frau Sikora am besten schmeckten. Dann saßen wir gemütlich bei Petroleumlampenlicht mit Herrn und Frau Sikora, Frantiszek und *kleine Jannek* um den hölzernen Küchentisch und ließen es uns schmecken.

Umgekehrt war es jedoch streng verboten – die *Untermenschen* durften nicht am Tisch der *Herrenrasse* essen. Dies ging nur bei den Busserts. Dort saß die polnische Haushaltshilfe Nelly ganz selbstverständlich am Familientisch, aber bis zu den Busserts kam wohl auch keiner nachschauen. Es mag den Herren von der NSDAP einfach zu mühsam gewesen sein, sich im Boot über den Bodden aufzumachen, um dort die Essgewohnheiten der Inselbewohner zu kontrollieren.

Dass wir Kinder guten Kontakt zu den Polen hatten, interessierte die Obrigkeit wohl auch nicht weiter. Wir saßen bei Sikoras mit am Tisch, aber das war wahrscheinlich schon deshalb nicht verboten, weil ein solcher selbstverständlicher Umgang in einen Nazischädel einfach nicht hineinging.

Manchmal – zum Glück nicht häufig – fuhr eine schwarze Limousine auf den Hof. Im Fond saß ein Mann in SS-Uniform – der Standartenführer Mueller-Darß. Mueller-Darß war, so erzählte mir Friedel, ein Günstling von Hermann Göring, der eine Jagd im Darßer Wald besaß.

Ursprünglich war der Standartenführer Mueller-Darß nur der Forstbeamte Franz Mueller gewesen. Dann aber hatte ihn Heinrich Himmler in seinen persönlichen Stab berufen und ihn mit der Ausbildung von *Schutz- und Suchhunden* beauftragt – auch für den Einsatz in Konzentrationslagern. Als ihm das Kommando über den Darß übertragen wurde, nannte man ihn, um Verwechslungen zu vermeiden, per Dekret zu Mueller-Darß um. Dieser Mann, der *das Deutsche* über alles stellte, bestand jedoch darauf, dass man seinen Namen nicht deutsch mit *ü*, sondern so aussprach, als wäre auf dem *e* nach dem *u* ein französischer *accent grave*. Er wollte nicht Müller, sondern Mu-eller genannt werden.

Sobald wir seine schwarze Limousine von Weitem sahen, verdrückten wir uns – wenn dieser Mann Friedel besuchte, waren wir Kinder auch nicht erwünscht. Es waren unangemeldete und von Friedel durchaus nicht erwünschte Besuche, aber er konnte sich nicht dagegen wehren.

Es war nicht schwer, die dunklen Flecken zu sehen. Man musste nur die Augen aufmachen. Justus und seine Schwester Monika hatten auf ihrem Schulweg mit der Bahn nach Barth immer wieder magere Frauen beobachtet, die streng bewacht neben den Gleisen marschierten. Es waren Häftlinge, die zur Arbeit gebracht wurden. Oft wurden die Häftlinge zum Reetschneiden herangezogen. Die beiden sahen, was vor sich ging. Sie mussten nur aus dem Fenster gucken.

Es gab auf dem Darß zwei Außenlager des Konzentrationslagers Neuengamme in Hamburg: das Außenlager Darß-Wieck (von Januar 1941 bis Ende Februar 1941) und das Außenlager Darß-Zingst (von Ende 1941 bis April 1942).

Um die Stadt Barth herum gab es außerdem zahlreiche kriegswichtige Betriebe, in denen Tausende von Zwangsarbeitern Sklavenarbeit verrichten mussten. Mehr als zweitausend von ihnen starben.

Alle, die in dieser Gegend lebten, mussten von diesen Lagern und ihren Insassen Kenntnis gehabt haben. Haben sie alle weggeschaut? Oder waren sie gar einverstanden mit dem, was sie sehen konnten?

Da ich durch meine Mutter vorgewarnt war, bemühte ich mich besonders, etwas von der *anderen Welt* zu erfahren, der Welt, zu der wir nicht gehörten. Ich wusste von der Kaserne zwischen Zingst und Müggenburg, in der eine Flakeinheit untergebracht war, die täglich zu dem Bombenabwurfgelände an der Ostspitze der Halbinsel gefahren wurde.

Tante Maria und mir kam auf der Chaussee nach Zingst einmal eine Gruppe Männer in zerlumpter Kleidung entgegen. Sie schlurften mühsam vorwärts und schienen sich kaum auf den Beinen halten zu können. Neben ihnen liefen SS-Männer, die alles andere als müde aussahen. Die Häftlinge hatten die Augen auf den Boden gerichtet. Wenn einer kurz scheu zu mir aufblickte, dann nur, um die Augen sofort wieder zu senken. Ich wollte stehen bleiben, doch Maria zog mich fort.

»Das sind russische Kriegsgefangene, die sie irgendwo hinbringen – arme Schweine«, raunte sie mir zu. Ich blickte mich nicht mehr nach den abgemagerten Männern um, doch ihren beklemmenden Anblick habe ich nie vergessen.

Es gab Menschen, die sich gern in den dunklen Flecken bewegten und versuchten, aus ihnen Vorteile zu ziehen – außerhalb des Hofs gab es überall potenzielle Denunzianten. Zum Beispiel in Zingst. Tante Hilde hatte sich für ein paar Tage mit ihrer Familie in einer Zingster Pension eingemietet und dort über ihr kleines Radio BBC gehört. Dann erfuhr sie über Umwege, dass die Tochter der Pensionsbetreiberin – ein rigoroses BDM-Mädchen namens Tini – bereits mehrere Leute denunziert und angezeigt hatte. Den Feindsender BBC zu hören war keine Kleinigkeit: Eine Berliner Freundin meiner Mutter war wegen des gleichen *Vergehens* bereits angezeigt und mit zehn Monaten Gefängnis bestraft worden.

Also brach Tante Hilde ihren Urlaub lieber schleunigst ab und zog nach Müggenburg zu ihrem Bruder und ihrer Mutter. Sie floh vor der Denunziationsgewalt eines jungen Mädchens.

Auch plötzliche Krankheiten bildeten einen dunklen Fleck. Eines Tages brach auf dem Darß die Diphtherie aus. Es kam zwar zu keiner Epidemie, doch allein sechs Kinder sind daran gestorben – darunter der kleine, vierjährige Thomas aus dem alten Haus. Er war mit seinem zwei Jahre jüngeren Brüderchen und seiner Mutter ebenfalls vor den Berliner Bombennächten geflohen, nur um hier an der Ostsee so krank zu werden.

Obwohl wir uns mitten in einem Weltkrieg befanden und täglich unzählige Menschen in diesem Krieg starben, war dies für mich die erste persönliche Konfrontation mit dem Tod. Wir hatten oft mit dem kleinen, vergnügten Thomas gespielt und ihn sehr lieb gehabt – wie kann man einen vierjährigen Jungen nicht lieb haben?

Da an eine Überführung nach Berlin nicht zu denken war, fand die Beisetzung auf dem Friedhof in Zingst statt. Während der Zeremonie trug Justus ein aufziehbares Grammofon auf dem Arm. Es spielte klassische Musik, um so etwas wie Ernst und Würde zu verbreiten. Ich konnte es nicht fassen, dass dieser kleine Mensch plötzlich weg sein sollte. Das Grammofon war in Decken gehüllt wegen der Kälte.

Auch die bevorstehende Niederlage der Wehrmacht warf bereits ihre Schatten voraus. So wurde die zarte Monika, die ein Jahr ältere Schwester von Justus, im Herbst 1944 eingezogen, um, wie es damals hieß, beim »Ostwall schippen« zu helfen. Die harte Arbeit der jungen Leute war ein verzweifelter und aussichtsloser Versuch, die Panzer der Roten Armee doch noch aufzuhalten. Von der Warthe östlich von Berlin sollte eine Verteidigungslinie bis hinunter zur Oder errichtet werden. Über hundert Kilometer mit Wassergräben, gepanzerten Schlagbäumen und Bunkeranlagen.

Monika war der Arbeit allerdings körperlich nicht gewachsen und wurde zu ihrem Glück nach einigen Wochen wieder entlassen, von ihrem Vater abgeholt und zurück nach Müggenburg gebracht.

Selbst auf dem Kirr war die Idylle nicht ungetrübt. Zwar wuchsen die Stauden prächtig, und der Garten der Busserts war bunter denn je: Es blühten Malven und Rittersporn, tränende Herzen, Rosen, Gladiolen und vieles mehr. Auf den saftigen Wiesen grasten Kühe – das Vieh vom Darß wurde in einem großen Kahn zur Sommerweide auf dem Kirr gebracht, und man konnte überall die leisen Rufe der Wasservögel hören. Im Sommer machten unzählige Vogelarten auf dem Kirr Station.

Doch auch inmitten der Kirr-Oase, zwischen den Gräsern, Sträuchern und Blumen, war das Brummen der englischen Flugzeuge nicht zu überhören. »Jetzt fliegen sie wieder mit ihren Bomben nach Berlin«, hieß es dann auf dem Dorf, und selbst wenn ich auf dem Kirr war, blickte ich automatisch in den Himmel und verfolgte ihre Bahn in einem seltsamen Zwiespalt.

Die Flugzeuge glitzerten so wunderschön in der Sonne! Es hätten auch große, silbern glänzende, harmlose Vögel sein können. Doch mir machten sie Angst, und ich wusste nicht, was ich über diese Flugzeuge denken sollte. Einerseits hatte meine Mutter gesagt, dass die Engländer die Freunde unserer Familie waren, weil sie halfen, den Krieg zu beenden. Andererseits flogen sie schließlich nach Berlin, um dort ihre Bomben abzuwerfen, vielleicht auf meine Mutter und meine Schwestern. Die Flieger warfen silberne Stanniolstreifen ab, um die deutsche Radarüberwachung und die Flak durcheinanderzubringen. Sie sahen aus wie Streifen von Alufolie und segelten weit voneinander entfernt auf den Darß herab. Andere Kinder sammelten die verlockenden Streifen mit großer Begeisterung. Ich habe sie nie vom Boden aufgehoben.

Im November 1944 starb Opa Bussert. Das Wetter war zu schlecht, um ihn über das Wasser zum Friedhof auf den Darß zu bringen. Deshalb wurde er auf dem Kirr beigesetzt. Ich habe seine überwucherte Grabstätte im August 2015 besucht.

Noch ein großer Fleck: Dem Wort *Land-*, *Fremd-* oder *Ostarbeiter* haftete in Wirklichkeit ein falscher Klang an.

Sikoras und die anderen Polen, auch Sofie und Marianne, waren gewiss nicht aus freien Stücken auf den Darß gekommen. Wahrscheinlich wäre es deshalb nicht falsch, alle bei uns beschäftigten Polen als Zwangsarbeiter zu bezeichnen – die Übergänge waren, wie man heute weiß, fließend.

Es gab damals ungefähr 2,2 Millionen polnische Arbeiter in Deutschland. Sie schufteten im Haushalt, in der Landwirtschaft und später auch immer häufiger in der Rüstungsindustrie. In den Fabriken ging es im Allgemeinen härter zu als auf dem Land, obwohl es auch dort genügend gewissenlose Schinder gegeben hat.

Was Marianne oder Sofie erlebt hatten, bevor sie nach Müggenburg kamen, welche Erfahrungen sie mit den Deutschen gemacht hatten, was ihnen zugestoßen war, darüber sprachen sie nie, jedenfalls nicht mit mir.

Für mich waren Marianne, Sofie, Jeschek und die Familie Sikora einfach eine willkommene Gesellschaft, die meine Zeit auf dem Hof belebte. Doch vor den damaligen Gesetzen waren sie alles andere als gleich. Unabhängig von dem Verhältnis zu uns, standen sie alle unter einer unerträglichen, menschenrechtswidrigen Aufsicht.

Zum Beispiel durfte kein Fremdarbeiter seinen Standort auf dem Darß unbegleitet verlassen. Wann immer Jeschek mit seinem Traktor ins fünf Kilometer entfernte Zingst fuhr, weil er etwas für Onkel Friedel erledigen musste, war es Vorschrift, dass ein deutscher Aufpasser dabei war. Allein durfte er nicht fahren. Lächerlicherweise genügte es der Obrigkeit aber, dass der vierzehnjährige Justus mitfuhr, der natürlich überhaupt nichts dagegen hatte, neben dem großen Traktoristen Jeschek auf dem Trecker sitzen zu dürfen.

Doch keineswegs alles verlief so harmlos und ließ sich so leicht befolgen. Es gab zwei Delikte, die für die *Fremdarbeiter* unweigerlich mit der Todesstrafe endeten: erstens Gewalttaten gegen Deutsche. Auch harmlose Püffe konnten als solche ausgelegt werden, wenn der deutsche Arbeitgeber die Polen anzeigte. Zweitens Geschlechtsverkehr mit einer deutschen Frau. Im September 1942 hatte der Reichsjustizminister Thierack schriftlich eingewilligt, dass Straftaten von Polen, Russen und Ukrainern nicht mehr von den ordentlichen Gerichten abgeurteilt, sondern durch die SS erledigt werden sollten. Man kann sich also unschwer vorstellen, wie das unabhängige Ermessen der Gestapo aussah, wessen Wort vor diesen SS-*Gerichten* mehr Geltung hatte – das eines Deutschen oder das eines Polen –, und wie leicht es also gewesen sein muss, einem Zwangsarbeiter, der sich nicht nach den Befehlen richtete, etwas anzuhängen. Mit Sicherheit hat es eine erhebliche Anzahl von Gestapo-Morden gegeben, die aber niemals korrekt ermittelt wurden.

Zweifellos wussten die Polen, die bei uns und bei den Busserts auf dem Kirr arbeiteten, Bescheid über diese drakonischen Strafen. Aber sie wussten auch, dass sie Friedel vertrauen konnten. Die Arbeiter wurden von Friedel gut behandelt und gut verpflegt, und solange die schwarze Limousine nicht auf dem Hof stand, sprach er seine Ansichten auch offen aus.

Er ließ heimlich bei Nacht durch seine Leute dafür sorgen, dass die bei der Wehrmacht beschäftigten, hungrigen polnischen Zwangsarbeiter mit den nötigen Grundnahrungsmitteln versorgt wurden. Nach dem Krieg kamen Dankesbriefe aus Polen, von denen ich aber nur aus Berichten weiß.

Dass wir alle – die Stadtflüchtlinge, die Kinder des Hauses und die Zwangsarbeiter – ein bunter, fröhlicher Haufen waren, das habe ich als Wirklichkeit erlebt. Dennoch klingt es heute wie das typische Nachkriegsnarrativ, demzufolge die eigenen Großeltern und Verwandten immer tadellos anständig waren.

Doch bei mir war es wirklich so: Meine Eltern haben sich in der Nazizeit nicht verbogen, im Gegenteil: Sie haben alles in ihrer Macht Stehende getan, um den Opfern des Naziregimes zu helfen. Nach dem Krieg mussten sie das, was sie getan hatten, nicht verdrängen.

Vielleicht ist auch das ein Grund, weshalb mich die Antinazierfahrung meiner Eltern nicht zu jenem linken Antifaschismus führte, der Ende der sechziger Jahre lauter wurde, jenen Versuchen, die individuelle Schuld auf das System oder ein Prinzip abzuwälzen. Ich hatte gesehen, dass man nicht alles nur auf das System zurückführen konnte, sondern dass auch die Gesinnungen der jeweiligen Chefs entscheidend waren. Ich wusste, dass es letztendlich auf das Individuum ankam. Einen Unterschied konnte nur jeder Einzelne machen.

Aber was wollte Sofie, die mit funkelnden Augen vor mir saß, denn nun mit Hitler anstellen, an das ich mich so gut erinnere?

Sie wollte Hitler pökeln: »Ich ziehe ihm die Hose runter«, rief sie, »schneide seinen Hintern in dünne Scheiben und streue auf jede Scheibe viel Salz!«

Sie sagte das, obwohl sie genau gewusst haben muss, was ihr passieren konnte und dass sie von der deutschen Obrigkeit im Fall einer Anzeige keinerlei Schutz oder Recht zu erwarten hatte. Was könnte also stärker beweisen, dass sie Onkel Friedel vertraute?

Die anderen Vorschläge sind mir nicht mehr so gegenwärtig. Sie waren wohl eher konventionell: totschießen, vergiften, erstechen oder einfach nur langsam erwürgen. Ich habe nur noch unser fröhliches, teuflisches Gelächter im Kopf.

Leider konnte bis zum Sommer 1945 keiner der Vorschläge in die Tat umgesetzt werden. Im Gegenteil – man jubelte ihm weiter zu, bis er sich schließlich, bereits unter der Erde, selbst erschoss.

Bernstein

Im Sommer 1944 hatte ich eine Freude, die ich kaum fassen konnte: Mein Vater besuchte mich in Müggenburg! Als ich davon erfuhr, war ich außer mir vor Glück und konnte es kaum erwarten.

Seit ich 1943 bei ihm in Polen gewesen war, hatte ich ihn nicht mehr gesehen. Er kam als Vorbote des Kriegsendes. Er hatte die vergangenen drei Jahre im polnischen Drohobycz zugebracht, das heute in der Ukraine liegt, kaum hundert Kilometer südwestlich von Lwiw, dem damaligen Lemberg. In Drohobycz war der Krieg im August 1944 bereits zu Ende. Die Rote Armee hatte das Generalgouvernement erobert. Aber das alles erfuhr ich erst später.

Ich war vor allem froh, dass er da war und dass er, der so viele Dinge wusste, der so klug war, mir vieles erklären konnte. Ich war froh, die Welt mit seinen Augen betrachten zu können.

Wir gingen durch den Wald hinterm Haus. Über den morastigen Weg war man in zwanzig Minuten an der Ostsee. Er deutete auf den Fußabdruck eines Tieres und fragte mich: »Weißt du, wer hier gelaufen ist?«

In Berlin war er zur Jagd gegangen, ein Hobby, das meiner Mutter nicht sonderlich gefiel. Sie mochte weder die Hirschgeweihe, die in seinem Arbeitszimmer in Berlin an der Wand hingen, noch seine Zeitschrift *Wild und Hund*. Als er mich in der Abenddämmerung auf einen Hochsitz mitnahm, war sie der Meinung, ich gehöre eher ins Bett.

»Warum schießt du eigentlich Tiere tot?«, fragte ich ihn, und er erklärte mir, dass er ein »Heger« und kein »Totschießer« sei. »Verantwortungsvolle Jäger kümmern sich um Wald und Wildbestand«, sagte er. »Wenn das Wild zu zahlreich wird, dann schadet es dem Wald.«

Er zeigte mir eine Blindschleiche und erläuterte, dass sie nicht giftig sei. Während wir langsam durch den Wald spazierten, trafen wir sogar auf eine giftige Kreuzotter, aber die schlängelte schnell weg. »Die meisten Tiere sind scheu und greifen uns nicht an«, sagte er, »es sei denn, sie wollen ihre Jungen beschützen«, aber das wusste ich bereits.

Mein Vater konnte Wildschweine, deren Frischlinge, Rehe, Füchse und Hasen an ihren Spuren erkennen und zeigte mir geduldig, wie verschieden die Abdrücke aussahen.

»Schwere Tiere sinken tiefer ein«, sagte er, »leichtere nicht so tief.«

Das galt auch für ihn. Er war ein Schwergewicht in meinem Leben, und obwohl sich unsere Wege nicht so oft gekreuzt haben, hat sich jede Begegnung mit ihm tief in meine Erinnerungen eingeprägt.

Nach dem Angriff der Wehrmacht auf die Sowjetunion – der *Aktion Barbarossa* – war mein Vater im Frühsommer 1941 als Major nach Polen eingezogen worden. Er war damals zweiundvierzig Jahre alt.

Weil er studierter Landwirt war, machte man ihn bald darauf zum Zivilangestellten in Drohobycz. Als Distriktlandwirt von Drohobycz, Borislaw und Umgebung war er zuständig für Ernährung und Landwirtschaft, also durchaus einflussreich.

Für Verfolgte und Verfemte konnte er Lebensmittel abzweigen. Ihm unterstand auch die Produktion von Alkohol, somit hatte er direkten Zugriff auf eine Währung, mit der sich SS und Sicherheitspolizei bestechen ließen.

Drohobycz war ein hübsches Städtchen. Vor dem Zweiten Weltkrieg war ein Drittel der Bevölkerung jüdisch. Es lag an der Salzstraße, und das alte Wahrzeichen ist noch immer zu finden: neun blaue Salzfässchen auf weißem Grund, an einer Hauswand neben der großen Kirche. Die Gegend war wohlhabend, die Ölquellen von Borislaw, dem Nachbarort, brachten der Gegend sogar den Namen *polnisches Texas* ein. Die deutsche Eroberung ging rasch vonstatten, deshalb wurde das Städtchen mit seinen rund dreißigtausend Einwohnern nicht zerstört. Nach dem Krieg allerdings verfiel es, und an manchen Ecken sieht es heute noch jammervoll aus.

Mein Vater wurde von der Naziführung in der galizischen Hauptstadt Lemberg bedrängt, der NSDAP beizutreten – ein Ansinnen, dem er sich mit einer eigenartigen, schriftlichen Ablehnung widersetzte. Seine Begründung war: Er habe religiöse Bedenken. Die Herren mögen sich bitte entscheiden, ob sie einen Parteigenossen oder einen Fachmann für Landwirtschaft haben wollten. Für die Naziherren kam diese Erklärung sicher unerwartet, doch daraufhin ließen sie ihn in Ruhe.

Ich habe oft darüber nachgedacht, welche Rolle sein Aussehen bei all dem gespielt haben mag. Er war 1,94 Meter groß und schlank, hatte blondes Haar und blaue Augen – er war also das Abbild eines Germanen. Dazu verfügte er über eine ruhige, selbstverständliche Autorität.

Schon vor den Nürnberger Rassegesetzen hatte ihn das Schicksal der unschuldigen Menschen empört, denen Bürgerrechte, Besitz und jeglicher Schutz genommen wurden, und mit jedem weiteren Vorfall von Unmenschlichkeit und Willkür war seine Gegnerschaft zum Regime gewachsen.

Zusammen mit meiner Mutter hatte er bereits in Berlin vielen Menschen durch Versteck, Schmuggeln von Wertgegenständen und Hilfe zur Auswanderung geholfen. Bevor er nach Polen aufbrach, wusste er, wozu das Naziregime fähig war.

Trotzdem war er auf das, was ihn dann wirklich in Polen erwartete, nicht vorbereitet. Hier hatte sich alles zum Schlimmsten gewendet. Mit dem deutschen Überfall gerieten allein in Ostgalizien 530 000 Juden in die Hände der SS und ihrer Mordkommandos. Eigentlich war Ostgalizien die Region mit der dichtesten jüdischen Bevölkerungskonzentration in ganz Europa. Die Zahlen schwanken, doch drei Jahre später war nur noch weniger als ein Prozent der ursprünglichen jüdischen Einwohner übrig.

Mein Vater wollte sich selbst auch weiterhin ins Gesicht sehen können, und er muss irgendwann den radikalen Entschluss gefasst haben, eine klare Trennlinie zwischen sich und die Mehrheit seiner deutschen Volksgenossen zu ziehen. Er hat diesen riskanten Entschluss mit sich selbst ausgemacht, und er muss gewusst haben, dass die Chancen zu fünfundneunzig Prozent gegen ihn standen.

Später hat er erzählt, wie verzweifelt einsam er damals in Polen war – seine Frau, seine Familie, seine Freunde waren weit weg. Er entschloss sich, uneingeschränkte Hilfe zu leisten, wo immer es ging. Vielleicht war es die Klarheit, mit der er diese Entscheidung traf, die ihm die Geduld, die Ruhe und Zuversicht verschaffte, welche die Grundvoraussetzung für erfolgreiches Handeln waren. »Nur mit dieser Gewissheit«, schrieb er mir später in einem Brief, »konnte ich mich ›durchschwindeln‹, denn das geringste Zeichen von Furcht oder Unsicherheit hätte meinem Leben ein Ende gesetzt.« Er schwamm zwölf Jahre lang konsequent gegen den Strom. Wie das war, wie das ging, ich kann es mir bis heute nicht wirklich vorstellen, aber ich weiß: Er hat dafür einen hohen Preis gezahlt.

1942 in Polen hatte ich einen kurzen Einblick in sein Leben auf Messers Schneide bekommen. Dort war sein eigentlich blondes Haar binnen eines Jahres schlohweiß geworden.

Während wir durch den Darßer Wald spazierten, waren mir vor allem drei Szenen aus Polen noch immer gegenwärtig.

Einmal ein abgemagertes Mädchen, das an einer Hauswand entlangschlich. Dazu machte mein Vater die leise Bemerkung: »Das arme Mädchen verhungert. Vielleicht ist es schon morgen nicht mehr da.«

Die zweite Szene fand am Mittagstisch meines Vaters statt. Eine elegante Polin sagte voller Abscheu: »Es ist furchtbar, in einem Land zu leben, wo Säuglinge aus den Fenstern auf Lastwagen geworfen werden!« Am Strand bei Müggenburg war ich mir noch immer nicht sicher, ob ich richtig gehört hatte. Konnten solche Dinge wirklich passieren?

Die dritte Szene war abenteuerlich. Wir fuhren mit Vaters Dienstauto in die Karpaten, eine bergige, waldreiche Gegend. Mein Vater wandte sich leise zu meiner Mutter und sagte: »Dies ist eine Partisanengegend, aber die kennen mein Auto.«

»Warum?«, wagte ich zu fragen.

»Weil ich ihnen ab und zu etwas zum Essen zukommen lassen kann«, antwortete er.

Mein Vater half also den Partisanen! Noch immer erfüllte mich dieser Gedanke mit Stolz, wenn ich ihn auch noch nicht ganz verstand. Ich verstand allerdings sehr wohl, dass ich niemandem davon erzählen durfte.

Zusammen haben meine Eltern etwa zweihundert jüdische Leben gerettet. War das viel? War das ein großes Glück, angesichts von sechs Millionen Ermordeten?

Nach seinem Besuch auf dem Darß sollte ich ihn lange nicht wiedersehen. Und auch dann sah ich ihn nur noch wenige Male.

Doch in diesem Sommer brachte er mir das Schwimmen bei. Das ging so: Er führte die Schwimmbewegungen erst auf dem Trockenen vor und übte sie dann mit mir im Wasser. Ich legte mich auf den Bauch, und er schob seine Hand darunter. Der Strand war menschenleer, im Sommer von 1944 gab es keine Touristen. Die Menschen waren mit anderen Dingen beschäftigt, und die Bauern aus Müggenburg gingen ohnehin nicht schwimmen.

»Spürst du, wie das Wasser dich trägt?«, fragte mein Vater.

Ich war noch nicht ganz sicher, ob ich der blauen Masse wirklich vertrauen konnte.

»Hab keine Angst«, sagte er, »schwimm einfach los!« Und wirklich klappte es nach wenigen Versuchen, und ich hatte bald eine neue Leidenschaft entdeckt.

Ich weiß nicht mehr, wie lange er auf dem Darß blieb, aber wir gingen noch oft zum Schwimmen und noch oft in den Wald, nicht nur wegen der Tierspuren, sondern auch, um Blaubeeren und wilde Himbeeren zu sammeln.

Einmal am Strand sagte er: »Lass uns mal nachsehen, ob wir Bernstein finden.« Er beugte sich nahe am Wasserrand herunter. Tatsächlich fand er etwas, aber es waren nur goldgelbe Krümel.

»Daddy«, fragte ich, »wo kommt der Bernstein eigentlich her? Wer hat ihn gemacht?« Ohne darüber nachzudenken, nannten ich und meine großen Geschwister ihn immer Daddy, niemals Papa oder Vati. Meine Mutter hingegen nannten wir einfach Mami.

»Der hat sich vor Jahrtausenden selbst gemacht, er stammt aus dem Harz von Nadelbäumen, die es hier einmal gab«, erklärte er und sah auf die kleinen, in der Sonne schimmernden Krümel.

»Und das Harz ist dann später so hart geworden?«

»Ja, aber man findet Bernstein nur am Ostseestrand. Manchmal nur winzige Körner. Wenn man richtig Glück hat, findet man aber auch ganz große Stücke oder sogar einen Bernstein mit einer eingeschlossenen Fliege oder mit einem tausend Jahre alten Blättchen darin.«

»Aber wann hat man so großes Glück?«, fragte ich.

»Nach einem Sturm zum Beispiel«, sagte mein Vater. »Wenn das Meer richtig aufgewühlt ist, dann hat man gute Chancen, dass die Steine hier auf den Sand gespült werden. Aber das klappt auch nicht immer.«

Als ich das gehört hatte, wollte ich unbedingt auch einen ganz großen Bernstein finden, und es verging kein Strandbesuch, an dem ich nicht nach einem solchen Exemplar gesucht hätte.

Ich war unglücklich, als mein Vater abreiste. Ich sollte ihn lange nicht wiedersehen, aber das konnte ich nicht wissen. Ich wusste auch nichts von seinen Plänen, nicht wieder nach Berlin zurückzugehen, wo er gemeldet war und wieder zur Wehrmacht oder zum Volkssturm eingezogen werden konnte, sondern in Hamburg unterzutauchen.

Es ist eigenartig, aber ich erinnere mich nur an den Bernstein, das Schwimmen, den Wald und seine Nähe. Nicht an Gespräche über Drohobycz, meine Mutter, die Geschwister oder den Krieg. Mit einer Ausnahme: Vor seiner Abreise sah er mich eindringlich an und sagte: »Lass dir keine Angst vor den Russen machen! Die Leute spielen ja völlig verrückt!«

Die Russen kommen

Im Herbst 1944 begann etwas aufregend Neues. Friedel rief die Familie zusammen ins Wohnzimmer, und wir saßen gespannt um den großen Kamin herum und tuschelten. Was war denn nur los?

Friedel stellte sich in die Mitte und sah mit der ihm eigenen, aufgeräumt-verschmitzten Art in die Runde. »Wir müssen etwas Wichtiges besprechen«, sagte er.

Friedel – Doktor Friedrich Greiff – übte eine große Anziehungskraft auf seine Mitmenschen aus, der sich die meisten nicht entziehen konnten. Er war eine Persönlichkeit. Aber vielleicht mochte ich Onkel Friedel auch deshalb so sehr, weil er so ungewöhnlich war. Er hatte schon immer Landwirt werden wollen, doch sein Vater, ein hoher preußischer Beamter, hatte ihn dazu gebracht, Volkswirtschaft zu studieren und in diesem Fach seinen Doktor zu machen. Friedel hatte sich dem Wunsch seines Vaters gebeugt. Aber alles kam anders als geplant. Friedel war in die Industrie gegangen, als Geschäftsführer einer größeren Firma. In den Jahren der Depression machte die Firma Pleite, und er stand sozusagen im Regen. Omama kaufte das alte Haus und was an Flächen dazugehörte und ging mit Friedel auf den Darß. So kam Friedel doch noch zu seinem Traum.

Mit der ihm eigenen Energie studierte er autodidaktisch die niederländische Landwirtschaft, wo man mit ähnlichen Bodenverhältnissen wie auf dem Darß zurechtkommen musste. Dabei war ihm aufgefallen, dass die Bauern auf dem Darß viel tiefer in den feuchten Boden gingen, als es in den Niederlanden üblich war. Also versuchte er es mit der halben Tiefe, säte und düngte nur eine Handbreit unter der Oberfläche. Die einheimischen Bauern lachten den »Herrn Doktor aus der Stadt« wegen seiner neumodischen Versuche aus und sagten ihm eine saftige Pleite voraus.

Aber mit der entsprechenden Düngung hatte Friedels einfache Maßnahme einen erstaunlichen Effekt. Er konnte den mageren Böden hohe Ernteerträge abgewinnen und war bald der Einzige auf dem Darß, der eine doppelte Fruchtfolge generierte – Frühkartoffeln, Frühgemüse, Kohl und im Spätsommer noch einmal Kartoffeln und Rosenkohl. Er war sogar so erfolgreich, dass er sein Frühgemüse mit der Bahn bis nach Berlin verkaufen konnte und Studenten der agrarwissenschaftlichen Fakultät von Rostock bis nach Müggenburg reisten, um Friedels ungewöhnliche Methoden zu studieren. Jetzt waren die einheimischen Bauern neidisch. Einen gewissen Respekt konnten sie ihm aber trotzdem nicht versagen.

Sicherlich hat mir Friedel einiges über die Landwirtschaft und seine besonderen Methoden erzählt, aber genau erinnere ich mich vor allem an eins: an den komischen Namen eines Studenten aus Rostock, der zur Besichtigung kam. Der Junge hieß Erdmann und hatte knallrote Locken.

Am Kamin sagte Friedel: »Es wird nicht mehr lange dauern. Der Vormarsch der Russen ist unaufhaltsam.«

Im Raum war ein Raunen zu hören. Vielleicht war es

Ausdruck von Angst oder Vorfreude, vielleicht zeigte es aber auch nur, wie aufgeregt wir alle waren. Was verstanden wir Kinder schon davon, dass *die Russen kamen?* Nach der Bemerkung meines Vaters war ich aber auf jeden Fall entschlossen, keine Angst zu haben.

»Unsere Gegend«, fuhr Friedel fort, »wird mit hoher Wahrscheinlichkeit von der russischen Armee erobert werden. Es gibt zwar noch immer Leute, die hoffen, dass die Engländer schneller sind. Aber daran glaube ich nicht.«

Ich hatte damals natürlich keinerlei Überblick über die Position der verschiedenen Armeen und wusste auch nicht, wie lange sie für eine bestimmte Strecke brauchen würden. Aber ich glaubte Friedel aufs Wort. Für mich stand es nach dieser Ansprache fest: Die Russen würden uns erobern.

Der Theoretiker Friedel wollte uns aber keine Angst machen. Im Gegenteil – er wollte uns bestmöglich auf diese kommende Situation vorbereiten. Mir ist erst im Nachhinein klar geworden, wie hellsichtig, vorausschauend, mutig und vielleicht sogar *hellfühlig* seine Vorgehensweise tatsächlich war.

»Und? Was sollen wir jetzt tun?«, fragte wahrscheinlich eines von uns Kindern.

Was *sollte* man gegen die Russen tun? Oder *für* sie? Es ging damals eine furchtbare, abgrundtiefe Angst vor den Russen um. Die Kriegspropaganda heizte sich gegenseitig auf. Auf der einen Seite Propagandaminister Goebbels, auf der anderen der Schriftsteller und Chefpropagandist Stalins, Ilja Ehrenburg.

Der eine hetzte in Worten und Bildern gegen die Rote Armee, gegen *die russischen Bestien.* Der andere gegen die *deutschen Schlächter.*

Das *Geschenk* für beide Seiten hatte einen Namen: Nemmersdorf. In diesem Dorf betrat die Rote Armee zum ersten Mal deutschen Boden in Ostpreußen. Dann zog sich die Rote Armee noch einmal wenige Tage hinter Nemmersdorf zurück, und die Wehrmacht konnte noch einmal bis Nemmersdorf vorrücken – dieser Moment kam der deutschen Propaganda wie gerufen.

Was die deutsche Wehrmacht in Nemmersdorf vorfand, war schrecklich und angsteinflößend. Dennoch wurde die Sache aufgebläht und übertrieben, so grässlich sie ohnehin schon war. In der Heimatfront wurden Fotografien von Leichen veröffentlicht, die gar nicht nur aus Nemmersdorf stammten. Es wurden *Zeitzeugen* gefragt, die nicht immer glaubwürdig waren und ihre *Erlebnisse* an Grausamkeit noch übertrieben. Plötzlich war die Rede von einer an ein Haus genagelten, vergewaltigten Frau. Die Zahlen der Opfer wurden erhöht. So drang das Massaker von Nemmersdorf tief ins kollektive Bewusstsein ein und sorgte lange Jahre für eine einseitige Wahrnehmung.

Selbst bei den Jüngeren, denen der Name Nemmersdorf gar nichts mehr sagte, existierte noch lange, wenn nicht sogar bis heute, eine vage, bedrohliche Erinnerung an den *grausamen Vormarsch* der Russen. Die Vorstellung der *Bestien* konnte sich lange halten.

Heute gibt es eine Namensliste der Opfer von Nemmersdorf, die nicht ganz vollständig ist, jedoch einen ungefähren Eindruck vermittelt. Die Geschichte mit der angenagelten Frau konnte nie verifiziert werden. Nach heutigen Erkenntnissen wurden zwischen neunzehn und dreißig Personen in Nemmersdorf erschossen, restlos aufklären konnte man die Ereignisse im Nachhinein nie. Die spätere, detaillierte Rekonstruktion der Ereignisse erwies sich nach dem Krieg als zu schwierig.

Das Ziel der Propaganda war klar – die deutsche Bevölkerung sollte gegen die vorrückenden Russen mobilisiert und in ihrem Siegeswillen bestärkt werden. Dieses Ziel konnte allerdings nicht erreicht werden. Wo sollten denn auch noch mehr *Kampfwillige* herkommen? Musste es denn nicht jedem denkenden Menschen dämmern, dass bei der Gründung des Volkssturms im September 1944 bereits die allerletzten verfügbaren Kräfte eingezogen worden waren? Dass es nach vierzehn-, fünfzehnjährigen Jungen und alten Männern nur noch Frauen, Kinder und Greise gab? Dass schlicht nicht mehr Menschen *da* waren, die für das Vaterland hätten kämpfen und sterben können?

Die Mobilisierung konnte nicht mehr gesteigert werden, stattdessen wuchs im ganzen Land nur die namenlose Angst vor den Russen. Und je größer die Angst wurde, desto verzweifelter und blinder klammerte man sich an den letzten Strohhalm: dass der Wille des Führers oder die großartige Wunderwaffe V2, eine Großrakete mit riesiger Reichweite, die in Peenemünde, nicht weit vom Darß, angeblich kurz vor der Fertigstellung stand, am Ende noch alles zum *Guten* wenden würde.

Auf der anderen Seite wurde bei den Russen die Wut auf alles Deutsche weiter angefacht. Ilja Ehrenburg feuerte die Rotarmisten mit Hasstiraden zum Töten an. Es ist heute ungewiss, ob er auch zur massenhaften Vergewaltigung der deutschen Frauen aufgerufen hat. Ich frage mich allerdings, ob das nach all dem, was Russen, Polen, Ukrainer, Weißrussen und andere durch die Deutschen erlitten hatten, überhaupt nötig war. Wer waren denn die *Bestien*? Die Rote Armee hatte die Verwüstung ihrer Heimat erlebt – und sah am 27. Januar 1945 in Auschwitz die ganze Vernichtungsmaschinerie: die Toten, die Sterbenden und die Kinder mit ihren eingebrannten KZ-Nummern auf den dünnen Ärmchen. Nicht nur Auschwitz ist von der Roten Armee befreit worden, sondern alle Konzentrationslager östlich der Oder. Wer erwartete denn nach diesen Erlebnissen von den russischen Soldaten menschliche Gefühle für die Deutschen?

Ich erinnere mich lebhaft an den Ausspruch eines auf Urlaub gekommenen Frontsoldaten, noch in Berlin: »Wenn die Russen kommen sollten«, sagte er, »und uns mit gleicher Münze heimzahlen, was wir mit ihnen gemacht haben, dann gnade uns Gott!« – Der russische Schriftsteller Lew Kopelew war bei den ersten Eroberungen der Roten Armee auf deutschem Boden dabei, hat von ihrem Wüten und seinem Entsetzen darüber berichtet und von seinen Versuchen, dem Wüten und dem Rachedurst Einhalt zu gebieten.

Und doch gab es am Ende des Krieges auch mitfühlende Sowjetsoldaten, die Kinder und Frauen gerettet haben. Für die meisten Deutschen war das damals unvorstellbar.

Die geschürte Angst vor den Russen hatte zumindest im Ostteil von Deutschland noch einen besonders perfiden psychologischen Effekt: Sie ließ das, wonach sich die meisten Deutschen insgeheim sehnten, nämlich das Ende des Krieges, gleichzeitig als schlimmstmögliches Übel erscheinen. Wer der Propaganda glaubte, für den gab es nur die Wahl zwischen zwei gleichermaßen unerträglichen Alternativen: weiter in einem aussichtslosen Krieg zu kämpfen oder von den Russen *grausam massakriert* zu werden.

Vielleicht ist auch dies eine Erklärung dafür, dass so viele Deutsche kurz vor Kriegsende keinen anderen Ausweg als Selbstmord sahen. Sogar bei uns auf dem Darß war damals häufig die Rede vom *Schlussmachen*. Zwar meinte das in unserer Familie niemand wirklich ernst – wir versuchten schließlich eher, den *Kopf kürzer* zu vermeiden –, doch die Redewendung wurde immer wieder benutzt. Ich dachte mir damals nicht viel dabei, schließlich redeten viele, auch in der Gegenwart von Kindern, vom *Schlussmachen* so locker und sorglos, als ginge es um ein Mittagessen. Für mich war nur eines wichtig: Ich wollte, dass der Krieg endlich zu Ende ging.

Was *sollte* man also tun, wenn die Russen kamen?

Wir hätten uns einfach nur auf den konkreten Alltag konzentrieren und alles Zukünftige verdrängen können. Wir hätten stur und ahnungslos darauf hoffen können, dass die Engländer den Russen doch noch zuvorkommen würden. Wir hätten im Garten einen Bunker ausheben, uns mit Lebensmitteln eindecken oder verzweifelt die letzten militärischen Kräfte mobilisieren und auf den *Endsieg* durch Hitlers *Wunderwaffe* hoffen können. Wir hätten uns auch Zyankali besorgen können, ein Stoff, der im Frühjahr 1945, besonders in Berlin, gefragt war wie nie zuvor. All dies waren irrsinnige und dennoch äußerst reale Möglichkeiten – nicht wenige Deutsche haben sich tatsächlich so verhalten.

Doch Friedel war zum Glück nicht so dumm oder einfältig und tat natürlich nichts von alledem. Ich bin ihm noch heute dankbar, dass er damals sagte: »Was wir tun sollen? Ganz einfach: Wir lernen Russisch. Dann können wir uns mit den Russen wenigstens ein bisschen verständigen.«

Er schwenkte ein dickes Russischlehrbuch, das er irgendwo aufgetrieben hatte. Es war eine Kassette, die mehrere dünne Sprachlehrbücher enthielt.

Auf dem Umschlag stand: »1000 Worte, 40 Stunden, 12 Hefte mit vielen lustigen Zeichnungen.« (Viel später, ich hatte die Zeichnungen längst vergessen, habe ich ein gleiches, über fünfundachtzig Jahre altes Lehrbuch schmunzelnd auf eBay wiedergefunden und war gerührt.)

Also trafen wir uns fortan jeden Nachmittag im Wohnzimmer und lernten Russisch. Friedel tat sich dabei weniger als Lehrer hervor, der vor dem Kamin Frontalunterricht gab, sondern eher als Moderator, der uns bei der Lektüre des Lehrbuchs unterstützte.

Wobei sich die ersten kompletten Sätze, die wir lernen sollten, als ziemlich sinnlos erwiesen: Beim Zoll: Haben Sie Tabak, Wein, Valuta?

Auch die Frage nach Fahrkarten und Platzreservierungen auf Russisch traf in keiner Weise unsere damalige Lebenswirklichkeit.

In dem Buch war ein Herr abgebildet, wie ich in der Wirklichkeit noch nie einen gesehen hatte. Er trug einen eleganten Frack und hielt sich ein Monokel vor das Auge. Außerdem gab es eine feine Damen mit Muff, riesigem Pelzkragen und langer Zigarettenspitze. Und die bügelnde, russische Hausfrau mit Dutt und Küchenschürze. Sahen so wirklich die Russen aus?

Die zahlreichen Wörter aus der Umgangssprache und die sehr gut verständlichen Lautschriftumschreibungen haben uns dagegen wirklich geholfen.

Für uns war das Lernen der neuen Sprache eine spannende, abwechslungsreiche Beschäftigung. Es dauerte nicht lange, bis Justus und ich uns gegenseitig russische Wörter und Ausdrücke an den Kopf warfen. Leider kamen im dem Buch keine Flüche vor, deshalb mussten wir in dieser Hinsicht vorerst beim Deutschen bleiben.

Die Grammatik war uns nicht so wichtig. Ich beschloss, vor allem den 5. Fall, den Ablativ, tunlichst zu ignorieren.

Es wäre mir damals nicht in den Sinn gekommen, dass Friedels Sprachlerninitiative auch hätte gefährlich werden können. Hätte man ihn denunziert und der Naziobrigkeit einen Hinweis gegeben, welche *volkszersetzenden* Tätigkeiten bei uns im Wohnzimmer im Gange waren, dann hätte er leicht als *Volksverräter* an den Pranger gestellt werden können. Wie konnte er es nur wagen, seine Verwandten auch noch auf die Ankunft der *Bestien* vorzubereiten?

Uns machte der Russischunterricht großen Spaß. Doch was mit *Volksverrätern* damals passiert wäre, war klar.

Der Russischunterricht war aber nicht einzige Vorbereitung auf die Ankunft der Russen.

Über eine weitere Vorsichtsmaßnahme war Justus gar nicht begeistert. Er interessierte sich damals sehr für chemische Zusammenhänge und hatte sich im tapezierten Klozimmer ein improvisiertes Labor eingerichtet, das er unter anderem mit den Geräten des verstorbenen Mannes von Tante Mary aus Zingst bestückte. Dort saß er viele Stunden lang und machte kleine Experimente, die immer ehrgeiziger wurden – er hatte es sogar fertiggebracht, Schwarzpulver herzustellen. Er hatte viel Zeit, nachdem die Oberschule in Barth Mitte des Jahres 1944 geschlossen wurde und wie viele andere Schulen in ein Lazarett umgewandelt wurde. Anfang 1945 musste Justus das Labor räumen und alle Geräte zerstören. Die Entscheidung fiel Justus alles andere als leicht, doch Friedel beharrte darauf, dass das Labor verschwinden müsse. Zu groß war seine Sorge, die Russen könnten es finden und darin eine Bombenküche des Widerstands erkennen.

Es blieb Justus also nichts anderes übrig: Hinter dem Haus wurde ein tiefes Loch ausgehoben, und er musste sich schweren Herzens von all seinen Schätzen trennen.

So warteten wir auf die Ankunft der Russen. Nur Nico, meine ältere Schwester in Berlin, wurde von Angst überwältigt. Sie hatte einen bösen Traum und sah sich als Vergewaltigungsopfer verletzt in unserem Berliner Garten liegen. Mit achtzehn machte sie sich im Februar 1945 nach Hamburg auf. Sie hoffte, dort würden die Engländer den Russen zuvorkommen.

Woina kaputt

Schon früh im Jahr 1945 brach ein herrlicher Frühling aus. Die Büsche bekamen praktisch über Nacht grüne Blättchen, und das Thermometer am Fenster des Gartenzimmers stieg beständig nach oben. Veilchen, Krokusse und Forsythien blühten um die Wette. Nur für ein Bad in der Ostsee war der Wind noch zu frisch und das Wasser zu kalt.

In meiner Erinnerung will es mir so vorkommen, als hätte die Sonne bis in den späten September hinein ununterbrochen geschienen, was natürlich nicht stimmen kann. Dass der Sommer von 1945 jedoch ein ungewöhnlich heißer und sonniger Sommer war, ist meteorologisch belegt.

Im April veränderte sich die Atmosphäre auf dem Darß und auch auf unserem Hof. Die Ostfront kam allmählich näher, und wir konnten den Kanonendonner aus der Richtung von Stralsund immer deutlicher hören. Es klang furchterregend, wie das Gebrüll eines wilden Tieres, das irgendwo hinter den Wäldern lauerte. Zum ersten Mal, seitdem vom Anmarsch und der Eroberung der Russen die Rede gewesen war, wurde es auch mir etwas mulmig zumute.

»Das sind die Stalinorgeln«, hieß es im Dorf. Die Rote Armee stand bereits kurz vor Berlin, während die Westalliierten schon fast die Elbe überquert hatten. Es lag eine unglaubliche Spannung über dem Dorf.

Wir alle wussten, dass *etwas* passieren würde, *etwas,* das wir nicht benennen konnten. Die Ungewissheit, die Sorge, wie es weitergehen würde, war mit Händen zu greifen. Ich glaube, ich hatte trotz allem neugierige Erwartungen. Aber die Angst hatte auch mich erfasst, und ich wagte es nicht, sie vor den anderen zur Sprache zu bringen. Es waren Tage, in denen wenig geredet wurde.

So gut wie überall in Deutschland waren die Schulen geschlossen und die Kinder evakuiert. Doch in Müggenburg gab es damals noch Unterricht – das Leben ging weiter wie immer.

Auch die Erwachsenen gingen äußerlich ihrem normalen Tagewerk nach. Sie standen früh auf, bestellten und beackerten die Felder und gingen abends ins Bett. Ein neues Fohlen kam auf die Welt, ein kleiner Rappe mit einer Blesse auf der Stirn, der den Namen *Nanuk* erhielt, *Eisbär* in der Sprache der Inuit. Ich mochte dieses Fohlen mit der Blesse besonders gern, hielt mich einige Tage lang in seiner Nähe auf, brachte ihm Futter und betrachtete immer wieder die weiße Stelle auf der Stirn.

Es wurden Kälber, Lämmer und Ferkel auf dem Hof geboren, und die Bäume begannen zu blühen. Aber es wurde auch geschlachtet. Während in der Ferne die Kanonen donnerten, saß ich in der Sonne und sah zu, wie ein schwerer, glatter Schweinekörper an einer Stallwand aufgehängt wurde. Er hing an den Vorderläufen, als er mit einer schnellen Bewegung der Länge nach aufgeschnitten wurde. Innen war das Tier dunkelrot. Ein Schwall von Blut floss in das Gefäß darunter. Mir grauste bei dem Anblick, doch ich konnte die Augen nicht abwenden. Außerdem wollte ich nicht als Zimperliese ausgelacht werden. Bis heute kann ich Blutwurst nicht essen.

An den Strand oder Bernstein suchen ging ich nicht mehr. Wir blieben in diesen Tagen automatisch näher am Hof und bei unseren Verwandten, ohne dass man uns hätte ermahnen oder warnen müssen.

Ich war voller Spannung, und gleichzeitig lähmte mich diese Spannung. Ich wusste, dass der Krieg nun endlich vorbei und die Nazis bald verschwunden sein würden. Es konnte ein neues, befreites Leben beginnen, ein Leben ohne den Naziterror. Ich musste mich nicht mehr verstellen.

Ich fürchtete mich nicht vor den Russen. Und doch war ein Tröpfchen der Propaganda, in welcher die Russen als primitive Mörderbande dargestellt wurden, auch in meinen Kopf eingedrungen. Ich wusste, dass die Russen ebenso Bomben warfen, wie es die Engländer, Franzosen und Amerikaner taten, dass sie ebenso mit Soldaten voranmarschierten, um Nazideutschland von den Nazis zu befreien. Ich hatte in Drohobycz eine Ahnung davon bekommen, was die Deutschen dort angerichtet hatten, wo die Russen jetzt bereits lange vorbeimarschiert waren. Dennoch hatte ich bei den Engländern, Franzosen und Amerikanern eher das Gefühl, dass sie *eigentlich* unsere Freunde waren.

Der Kontakt zu meinen Eltern und Geschwistern war gegen Kriegsende immer spärlicher geworden, von meinem Bruder hatte ich schon lange nichts mehr erfahren.

Ich hing auf dem Hof herum, fütterte Nanuk, trottete ins alte Haus zu Claudine, Justus und Omama, dann wieder zurück. Ich wartete fieberhaft und doch voller Passivität. Ich war wie ein Hund, der den Schwanz einzieht und unter einen Schrank kriecht.

In Zingst und in den anderen Dörfern mag es ähnlich gewesen sein. Während an anderen Stellen in Europa noch immer mit grauenhafter Verzweiflung, aber gleichzeitig ohne Sinn und Verstand gekämpft wurde, zogen sich die Bewohner vom Darß zurück und warteten ab. Die meisten von ihnen mussten in Wirklichkeit seit Jahren gewusst haben, dass der Krieg nicht zu gewinnen war. Doch mit der realen Niederlage, die jetzt direkt bevorstand, hatten sie wahrscheinlich auch nicht gerechnet.

Worüber heute in Schlagzeilen und mit fassungslosem Kopfschütteln berichtet würde, das war in diesen Tagen fürchterliche Normalität. Der Ortsgruppenleiter und Rektor der Zingster Schule, Heinrich Bandlow, und seine Frau erhängten sich, ebenso ein mit ihnen befreundetes Ehepaar. Der Apotheker des Orts vergiftete sich zusammen mit seiner Frau und seinen drei Kindern. Welcher Irrsinn hat eine Gesellschaft befallen, in welcher Eltern ihre Kinder vergiften?

In Berlin sollen es zehntausend Menschen gewesen sein, die sich das Leben nahmen – es heißt, dass an einem Abend am Ausgang der Berliner Philharmonie Körbe mit Zyankalikapseln standen, aus denen sich die Besucher des letzten Konzerts – natürlich von Wagner – bedienen konnten.

In ganz Deutschland gab es Zigtausende Selbstmörder – und zwar nicht so sehr die Nazibonzen, sondern eher die verängstigten kleinen Leute, die all das, was ihnen jahrelang erzählt worden war, für bare Münze genommen hatten. Sie erhängten, vergifteten und erschossen sich – aus Angst vor der Rache der *Bestien*, vielleicht manche auch aus Scham und weil sie angesichts der Niederlage keinen anderen Ausweg und keine Perspektive mehr für sich sahen. Es schwappte in dieser Zeit eine regelrechte Selbstmordepidemie über Deutschland. Sie wurde jedoch größtenteils verdrängt und ist bis heute ein Tabu in der Aufarbeitung des Kriegsendes.

Jetzt waren die Dorfbewohner allein – das deutsche Militär zog in den letzten Apriltagen ab und zerstörte vorher noch das technische Gerät. Allerdings ließen sie die Lebensmittel zum größten Teil in den Kasernen zurück – dort begann umgehend das Plündern.

Einheimische, Evakuierte und inzwischen angekommene Flüchtlinge machten sich mit Handwagen, Fahrrädern und Karren zum Kasernengelände auf. Sie nahmen, was sie in die Finger bekommen konnten, Scham oder Zurückhaltung gab es nicht mehr. Die Plünderungen wurden auch nicht verdeckt ausgeführt, geheim gehalten oder verschwiegen, im Gegenteil: Die Nachricht vom verlassenen Kasernengebäude machte überall die Runde und weckte Begehrlichkeiten.

Für mich gab es vor allem eine direkte Folge der Plünderungen: Eines Morgens stand plötzlich ein großer Jutesack mit braunem Zucker in der Küche. Wer hatte ihn dort hingestellt? Wer hatte ihn hergebracht? Keine Ahnung. Ich habe nie nachgefragt, und es war mir auch egal.

Doch der Inhalt des Jutesacks, die Zuckerschwemme, beschäftigte uns tagelang: Aus dem Zucker wurden Bonbons geschmolzen. Dazu stellte man eine Gusspfanne direkt auf das Feuerloch in der Küche. Eiserne, etwa zwei oder drei Zentimeter breite Ringe regulierten damals die Hitze der Feuerstelle. Man musste höllisch aufpassen, um genau den richtigen Augenblick abzupassen – der Zucker sollte schmelzen, durfte aber gleichzeitig nicht verbrennen oder so hart werden, dass man ihn dann nicht mehr aus der Pfanne bekam. Die fertige Masse wurde mit schweren Messern zerhackt, und so entstanden glasige, braune Bonbons in den verschiedensten Formen. Während ich mir die Zeit auf dem Hof vertrieb, lutschte ich viele dieser Bonbons mit Genuss, aber wir warteten noch immer.

Ende April tauchte das Gerücht vom Schnapsschiff auf. Zwischen Zingst und Prerow im Bodden, hieß es, ankere ein Kutter der längst verschwundenen SS, der über zweitausend Liter Alkohol gelagert habe – Liköre, Obstbrände, Whisky und Weine, von denen normale Deutsche in dieser Zeit höchstens noch die Namen kannten. Ein *Traumschiff* also für jede Soldatenmeute.

Die Existenz dieses Schiffes behagte Onkel Friedel noch weniger als das *geheime* Labor von Justus. Er machte sich in großer Eile zum Kapitän des Schiffes auf und beschwor ihn, das Schiff zu versenken, bevor es den Russen in die Hände fiele. Die Aussicht, es mit stockbetrunkenen russischen Soldaten zu tun zu bekommen, erschien Friedel als äußerst ungemütlich.

Wahrscheinlich appellierte Friedel an die Vernunft des Kapitäns und versuchte, ihm klarzumachen, welche explosive Wirkung so viel Alkohol auf Soldaten ausüben konnte, die ohnehin schon ausgehungert, ermüdet und aggressiv genug waren. Doch es gelang ihm nicht, den Kapitän zu überzeugen.

»Bei dem Schiff handelt es sich um Staatseigentum – und Staatseigentum kann ich nicht versenken«, war dessen bürokratisch-starrsinnige Antwort. So blieb das Schnapsschiff vor Anker im Bodden.

Irgendwann hörte der tägliche Kanonendonner auf. Nur noch vereinzelt waren Schüsse zu hören.

Dann ging alles sehr schnell: Die Rote Armee kam in der letzten Phase zügig voran, auf militärischen Widerstand traf sie kaum noch. Die Soldaten schafften zu Fuß bis zu dreißig Kilometer täglich, die Panzereinheiten sogar fünfzig.

Die 65. Armee war den ganzen Weg von Stalingrad bis zum Darß gekommen. Der ihr überstellte, diensthabende General hieß Pawel Batow, und in seinen Aufzeichnungen beschreibt er den Zustand seiner eigenen Armee: Die russischen Soldaten hatten seit Monaten des verlustreichen Kampfes zum ersten Mal die Möglichkeit, ein bisschen zur Ruhe zu kommen. In dem hübschen, alten Hafenstädtchen Barth direkt vor dem Darß konnten sie ihre Kleidung waschen und sich selbst zumindest äußerlich ein wenig in Ordnung bringen. Der Armeestab blieb in Barth, die ältesten Rotarmisten wurden entlassen und nach Hause geschickt.

Die Soldaten der 65. Armee ahnten damals wahrscheinlich nicht, welche jahrzehntelangen Folgen die Geschwindigkeit ihres Vormarsches für das später geteilte Deutschland haben würde. – Der letzte Tag des Feldzugs der 65. Armee war der 3. Mai, als die Rote Armee südwestlich von Wismar auf die 2. Britische Armee traf. Das war betrüblich für alle, die auf die Engländer gehofft hatten. Aber Wismar liegt nun einmal etliche Kilometer westlich vom Darß entfernt. Pech also, dass auch Wismar dann der sowjetischen Zone, der späteren DDR, zugeteilt wurde.

Wer mit militärischem Gerät von Barth aus auf den Darß wollte, der musste zwangsläufig über die Meiningenbrücke, die Verbindung zum Festland. Die SS hatte in den letzten

Kriegstagen den Befehl gegeben, die Brücke zu sprengen, während sie sich selbst über die Ostsee in Sicherheit bringen wollte.

Obwohl sie den Darßbewohnern mit einer Sprengung jede weitere Fluchtmöglichkeit abgeschnitten hätte, brachte die in Zingst stationierte Flakeinheit unter SS-Führung mehrere Sprengladungen bei der Brücke an. Russische Kriegsgefangene mussten entlang der Straße zur Brücke Schützenlöcher ausheben. Aus der Meiningenbrücke wurde ein Verteidigungsposten. Man war zunächst offenbar entschlossen, auch in völlig aussichtsloser Situation weiterzukämpfen.

Der Kompanieführer des Zingster Volkssturms hieß Andreas Schmidt und war gleichzeitig Amtsvorsteher in Zingst. Sechs Tage vor dem Einmarsch der Roten Armee erhielt er den telefonischen Befehl, nicht aufzugeben und die Brücke gemeinsam mit der SS-Flakeinheit zu sichern. Er hätte also die Brücke sprengen lassen und jeden weiteren Meter gegen die Russen verteidigen können.

Doch Andreas Schmidt war glücklicherweise ein vernünftiger Mann. In eigener Verantwortung löste er den Volkssturm auf und rief eine Gruppe von freiwilligen Zingstern zusammen. Ihnen ging es nicht mehr um den *Endsieg,* und sie hatten kein Interesse an sinnlosem Kampf, sondern waren in Sorge um ihren Heimatort und wollten den Darß möglichst kampflos übergeben.

Mit den freiwilligen Zingstern machte er sich auf den Weg zur sprengbereiten Brücke. Die Straßen waren bereits abgesperrt und mit Sandsäcken und Stacheldraht gesichert. Die Flakeinheit bestand aus lediglich einundzwanzig jungen Soldaten, die von einem SS-Offizier angeführt wurden – dieser kleine Haufen sollte den Darß gegen die Russen verteidigen. Vielleicht waren die Männer wirklich dazu bereit. Dann aber erkannten sie die weiße Fahne, die von der Spitze des Barther Kirchturms wehte. Sie ließen sich überzeugen, in einen bereitstehenden Lastwagen zu steigen und abzuziehen. Der SS-Offizier übergab die Brücke zur Verteidigung an Andreas Schmidt und den nicht mehr bestehenden Volkssturm.

In aller Eile beseitigten die Männer sämtliche Hindernisse und öffneten die Brücke. Zwar hätte es trotzdem gefährlich werden können, doch hier auf der Meiningenbrücke jedenfalls blieb es friedlich. So waren es am Ende zivile Posten, die den Darß vor einer Eroberung mit Beschuss und Kampf bewahrt haben.

Tatsächlich von den Russen überquert wurde die Brücke dann erst am 8. Mai, exakt am Tag der Kapitulation, als in Berlin-Karlshorst das Ende des Zweiten Weltkriegs besiegelt wurde.

Während die Rote Armee in Barth noch Pause machte, wurde die Bewachung der Meiningenbrücke durch die Freiwilligen immer weniger ernst genommen. Am 8. Mai war zu der Verteidigung, die Andreas Schmidt dem SS-Offizier in Aussicht gestellt hatte, nur noch ein einziger Zingster auf seinem Fahrrad erschienen.

Ein Rotarmist lief langsam auf den Mann zu. Er hielt eine Maschinenpistole im Anschlag. Dass irgendwo noch ein verrückter, bewaffneter Hitlerjunge für den *Endsieg* kämpfen wollte, war schließlich nicht gänzlich auszuschließen.

»Woina kaputt«, rief der Rotarmist lautstark. »Woina kaputt!«

Der freiwillige Bewacher der Brücke hob die Hände und nickte. Woina kaputt. Dann schwang er sich auf sein Fahrrad und radelte nach Zingst zurück.

Während er gegen den Wind anstrampelte, wurde er von der sowjetischen Artillerie überholt, die längst vor ihm in Zingst ankam. Dort fiel kein Schuss mehr.

Am 8. Mai kamen Soldaten in einem Panjewagen auch nach Müggenburg. Sie fuhren einmal rund um unseren Hof und das alte Haus. Dann verschwanden sie wieder in Richtung Zingst.

Akkordeon

Ohne Zögern entschieden Friedel und Maria, dass alle Frauen und Kinder evakuiert werden sollten.

»Hoffentlich funktioniert es noch«, sagte Tante Maria und lief zum Telefon, um ihrer Mutter Bescheid zu sagen.

Von einem Tag auf den anderen war die Macht verschoben, und die alten Naziregeln galten nicht mehr. Aber welche Regeln galten stattdessen? An vielen Orten in Deutschland gingen die Frauen und Kinder in den ersten Tagen direkt nach Kriegsende in nahe gelegene Wälder oder versteckten sich irgendwo in den Häusern.

Tante Maria hatte jedoch eine andere Idee. »Wir gehen allesamt auf den Kirr!«, rief sie, »dort sind wir am sichersten.« Zum Kirr gab es keine Brücke, auf den Kirr konnte niemand *einmarschieren.*

Wir zogen so viele Kleidungsstücke wie möglich übereinander an. Nach der lähmenden Spannung und dem wochenlangen Zögern war jetzt überall Aufregung und hektisches Gewusel.

Es dämmerte bereits, als wir den Hof in Richtung Bodden verließen. Justus und seine Schwester Monika waren die Letzten, die die Chaussee in Richtung Brücke überquerten. Sie hörten schon Stimmen und russische Worte hinter sich und wurden unsicher, doch Zosia, eine von den polnischen Landarbeiterinnen, raunte ihnen zu: »Weitergehen, schnell weitergehen! Nicht umgucken!« Monika und Justus duckten sich und rannten los. Sie liefen so schnell wie möglich in Richtung Bodden, obwohl sie sich in den vielen Kleiderschichten nicht besonders gut bewegen konnten.

Nur Omama blieb allein im alten Haus zurück. Eine Überfahrt mit dem Ruderboot und der Weg auf dem Steg am Bodden wären zu viel für sie gewesen.

Der Bodden hatte von all der Aufregung nichts mitbekommen. Das Wasser war ruhig wie immer und gluckste nur, während die Ruderblätter uns vorwärtstrieben. Mücken surrten in Schwärmen über der Wasseroberfläche.

Wir Kinder blieben leise, obwohl wir voller Aufregung, Verwirrung und Vorfreude waren. Zusammen mit den Erwachsenen waren wir ungefähr fünfundzwanzig Personen. Jetzt waren die *Bestien* auf dem Darß angekommen und sogar schon auf unserem Hof.

Doch wie eine verzweifelte Flucht fühlte sich die Überfahrt zum Kirr nicht an. Für uns Kinder bedeutete es nur: Uns stand ein Jugendlager, ein Abenteuer auf dem Kirr bevor.

Auch Onkel Friedel kam zunächst mit uns auf den Kirr, kehrte aber nach zwei Tagen auf seinen Hof zurück.

Seine Haltung der Offenheit hatte er nicht verloren: Er machte sich unverzüglich auf den Weg nach Zingst, um den russischen Kommandanten zu begrüßen und kennenzulernen, wenn man es so nennen kann. Ich glaube, dass er nach der Maxime handelte: »Einer muss es tun, darum tue ich es jetzt!« – Er hatte vor, sein eingeübtes Russisch zum ersten Mal zur Anwendung zu bringen. Doch es zeigte sich, dass dies nicht nötig war – der Kommandant war ein gebildeter Mann und sprach selbst recht gut Deutsch.

Ich weiß nicht, auf welche besondere Weise ihm Friedel begegnet ist, wahrscheinlich ist er einfach auf den Kommandanten zugegangen und hat sich vorgestellt. Die beiden Männer verstanden sich jedenfalls ganz gut – es verband sie eine gemeinsame Art oder ein Interesse –, und zum Abschied stießen sie, wie uns Friedel später erzählte, freundschaftlich mit Wodka aus zwei Kaffeetassen an.

Später kam der russische Kommandant noch oft nach Müggenburg zu Besuch, um mit Friedel ein bisschen zu plaudern – über Kunst und Philosophie.

Im Haus der Busserts auf dem Kirr gab es zwar alle möglichen abenteuerlichen Dinge, aber natürlich nicht genügend Betten, geschweige denn Zimmer für uns alle.

Deshalb wurde in einem Zimmer einfach ein großer Haufen Stroh aufgeschüttet, auf dem wir es uns zum Schlafen gemütlich machen konnten. Die Halme pikten im Nacken, doch es roch wunderbar. Wir lagen dicht nebeneinander und flüsterten noch lange.

Nicht weit von uns, auf der anderen Seite des Boddens, wurde eher gegrölt. Lautes Rufen und Lachen drang jeden Abend über das Wasser zu uns herüber – die Russen hatten das Schnapsschiff gefunden und sich mit den absehbaren Folgen darüber hergemacht. »Sie torkelten tagelang in Müggenburg herum«, erzählte uns Friedel später.

Was ich die lieben, langen Tage auf dem Kirr gemacht habe, weiß ich nicht mehr. Ich erinnere mich aber, dass es Vieh gab und dass ich melken lernte. Natürlich von Hand, denn eine Melkmaschine gab es nicht. Ich drückte meinen Kopf gegen den Bauch der Kuh und bemühte mich, besonders zügige und gleichzeitig ruhige Bewegungen zu machen. Fliegen kitzelten mich an meiner Stirn, und die Kühe spürten oft meine Unsicherheit. Dann warfen sie mit einem Huf den Eimer um; die mühsam gemolkene Milch ergoss sich ins Stroh, und ich war wütend auf die Kuh und auf mich selbst.

Ich lernte auch, wie Butter gemacht wurde. Man setzte sich auf einen Schemel und nahm einen Holzbottich zwischen die Knie. Mit einer Art Klöppel musste man dann die Vollmilch – oder war es Sahne? – so lange schlagen, bis sich irgendwann Butterstückchen entwickelten. Bei mir dauerte das eine Ewigkeit, darum gab ich es auf.

Abends saßen wir alle beisammen und aßen an mehreren großen Tischen. Auf dem Kirr wurde nachts gekocht. Tante Maria wollte die Russen von gegenüber nicht durch *Rauchzeichen* auf uns aufmerksam machen.

Ein paar Tage lang blieben wir tatsächlich unbehelligt und bekamen fast nichts von dem mit, was am Festland oder auf dem Darß passierte, aber eines Tages stand plötzlich ein sturzbetrunkener russischer Soldat bei uns in der Tür.

Im Arm hielt er Tante Marias Akkordeon. In seiner Betrunkenheit wollte er wohl Musik machen und vielleicht mit irgendwem tanzen, konnte das Instrument aber nicht mal mehr richtig halten. Er lallte, pumpte das Akkordeon hin und her, fingerte an den Tasten herum, doch es gab nur ein trauriges Gejammer von sich. Mit glasigen Augen kam er zu uns ins Wohnzimmer und sah sich um. Er war offenbar enttäuscht, dort nur einen Haufen Kinder vorzufinden, und machte gleich wieder kehrt.

Kurz darauf hörten wir einen Schrei. Er hatte Maria

erblickt und hielt sie am Unterarm gepackt. Es gelang ihr in einem kurzen Gerangel, sich von dem wankenden Soldaten loszumachen. Sie stieß ihn zur Seite und sprang aus dem nächstgelegenen Fenster nach draußen ins Gras. Von dort konnte sie weglaufen, denn der Soldat war glücklicherweise allein gekommen.

Er fluchte laut und für uns unverständlich auf Russisch, sah sich orientierungslos um und torkelte schließlich nach draußen. Er überlegte wohl noch einen Augenblick, ob er Maria nachlaufen und sie suchen solle, legte sich aber stattdessen unter den nächstgelegenen Busch und schlief ein. Als wir am nächsten Morgen mit einer Mischung aus Angst und Neugierde nach ihm sehen wollten, war er schon nicht mehr da. Er hatte sich in der Nacht davongeschlichen.

Ein paar Tage später kamen gleich zwei Soldaten über die Wiese auf das Kirrhaus zu, aber betrunken waren sie nicht. Sie trugen Uniformen, die wir noch nie gesehen hatten. Es waren Engländer aus dem befreiten Gefangenenlager bei Barth.

Da Monika die Einzige war, die schon ein bisschen Englisch konnte, rief Justus ihr zu: »Monika, komm her, Englisch quatschen!« Mit ihrer Hilfe konnten sich die beiden einigermaßen verständigen. Sie suchten allerdings weder Frauen noch Musik – die Engländer wollten ein Geschäft machen. Sie hatten Kaffee und Zigaretten vom Roten Kreuz erhalten und wollten diese Ware jetzt in Butter und Eier umtauschen.

Tante Maria ging dankbar auf das Angebot ein. Der Tausch war eine Win-win-Situation, wie man heute sagen würde: Er fand zur beiderseitigen Zufriedenheit statt. Auf dem Kirr gab es reichlich Eier und Butter, Kaffee und Zigaretten waren dagegen für die meisten Deutschen in dieser Zeit eine Kostbarkeit.

Das Ferienlager auf dem Kirr dauerte zehn Tage. Dann gab uns Friedel Bescheid, dass die Lage auf dem Hof inzwischen einigermaßen sicher sei. So kehrten wir bei strahlendem Sonnenschein zurück nach Müggenburg.

Der Hof war nicht verwüstet – nur die restlichen Pferde waren nicht mehr da. Sie hatten auch Nanuk, das Pferd mit der Blesse, mitgenommen.

Omama sah munter aus und beklagte sich nicht. Über die Tage, als sie allein im alten Haus war, hat sie nie gesprochen. Niemand weiß, was sie erlebt haben mag.

Die Polen gehen

Lieber Krystian und Familie,
ich erzähle meine Enkel, dass ich in Kriegszeit war in
Deutschland geboren. Wir, meine Eltern und ich, waren sehr gut
behandelt von euren Eltern. Meine Eltern haben immer erinnert
nach euch, auch wie alte Frau Greiff (Omama) war gut und herz-
lich mit uns und ich bin ein starkes und gesundes Junge in eurem
Hof gewachsen. Ich bin doch so alt wie Du, Krystian, lieber Krys-
tian wir haben fünf Jahre zusammen gespielt. Ich habe mir vor-
genommen, euch mal besuchen. Meine Frau hat Willen, euch zu
sehen und nach Polen einladen. Ich bin jetzt nicht armes Pole, ich
bin Maurermeister.«

Dieser Brief stammt aus einem Zingster Archiv, und ich
habe ihn erst viel später erhalten. Er ist datiert vom 21. Februar 2001. Verfasst hat ihn *kleine Jannek,* der jüngste Sohn der
Familie Sikora, bei denen ich mit Christian – oder Krystian – so oft zu Abend aß. Ich weiß nicht, ob sich die beiden
ehemaligen Spielkameraden Jannek und Christian noch einmal getroffen haben. Ich glaube es aber nicht, denn Christian
ist schon vor einigen Jahren verstorben.

Wieso der Brief gerade in einem Archiv von Zingst zu
finden war, kann ich mir auch nicht so recht erklären. Als
ich ihn zugeschickt bekam, hat er mich jedoch so ange-

rührt, dass ich ihn gerne im originalen Wortlaut wieder-
geben möchte. Nicht dass ich heute auch nur annähernd
in der Lage wäre, auf Russisch, geschweige denn Polnisch
einen solchen Brief zu verfassen.

Der Abschied von *unseren* Polen kam damals sehr plötzlich. Wir hatten die ganze Zeit so viel darüber nachgedacht, wer jetzt *kommen* würde, nämlich die Russen, wie
es sein und was passieren würde, dass ich ganz vergessen hatte, wer dann bei Kriegsende natürlich auch *gehen*
musste. Über den Umbruch, der nach Kriegsende stattfin-
den würde, hatte ich während der langen Zeit des Wartens
kaum nachgedacht.

Doch der Abschied der Polen war unausweichlich. Sie waren streng genommen schließlich Zwangsarbeiter. Da der
Krieg zu Ende war, gab es für sie keine Möglichkeit mehr
zu bleiben, im Gegenteil: Jetzt mussten sie wieder zurück,
nach Hause. Was und wen immer sie dort vorfinden würden.

Familie Sikora, Tante Hildes russische Anna, Oma Busserts polnische Nelly, Sofie und Marianne – sie alle konnten mit einem Mal nach Hause gehen. Auch sie waren erst
jetzt richtig frei. Doch wer heute denkt, dass es deshalb ein
einziges Jauchzen unter ihnen gab und sie gar nicht schnell
genug von ihren *Unterdrückern* fortkonnten, der irrt.

Es war ihnen zunächst gar nicht klar, wie es für sie weitergehen würde. Das war eine reale Zukunftsangst, obwohl
sie natürlich – streng genommen – auch erst durch die jahrelange Abhängigkeit von uns herbeigerufen wurde. Sie
ahnten, dass sie zunächst in ein Sammellager auf dem Festland gebracht würden.

Friedel gab der Familie Sikora einen gummibereiften

Ackerwagen und zwei seiner Pferde mit. »Seht zu, wie weit ihr damit kommt«, sagte er, »die Pferde sind bei euch besser aufgehoben als bei mir, die Russen klauen sie sowieso.«

Ich erinnere mich noch lebhaft an den Abschied von unseren beiden furchtlosen Hausmädchen. Der schmalen, etwas älteren Sofie liefen die Tränen übers Gesicht, die zwanzigjährige Marianne schluchzte hemmungslos. Ich weinte wohl auch. Sofie hat später geschrieben, und Nelly blieb noch lange in Kontakt mit Oma Bussert.

Friedel musste sich also nach neuen Landarbeitern umsehen. Auf dem Festland bei Barth war ein ständiges Kommen und Gehen. Flüchtlinge, die auf dem Land Arbeit suchten, gab es genug.

Darunter war auch der Vater einer besonders kinderreichen Familie mit Namen Maurer. Zwei ihrer Kinder waren in meinem Alter – Hansi und Gretchen.

Als ich sie einmal zum Spielen abholte, stieß ich auf eine Armut, die ich damals noch nie gesehen hatte. Von den Wänden bröckelte der Putz in undefinierbaren Farben, die Küche war unaufgeräumt, und im *Kinderzimmer* stand ein Bett mit einer schmutzigen Decke, daneben zwei kleinere Gitterbettchen.

»Das ist mein Zimmer«, sagte Gretchen.

»Und wo schläfst du?«, fragte ich.

Sie zeigte auf das Bett: »Na da, mit den anderen!«

»Wie – ihr alle?«

»Ja klar – zwei mit dem Kopf in diese Richtung«, sie zeigte auf das Fenster, »und zwei in die andere.«

Ich dachte: vier Kinder in einem Bett?, sagte es aber nicht. Auch in dem Gitterbettchen sollten zwei der Kleinsten nebeneinander schlafen.

Als ich ins Wohnzimmer kam, lag Frau Maurer auf einem alten Sofa und stillte ihr Baby. Sie hatte es mit Tüchern umwickelt, die für mich aussahen wie Lumpen. Gretchens ganzes Zuhause strahlte für mich überhaupt Unordnung und Verwahrlosung aus. Ich wollte am liebsten schnell wieder fort aus dem Haus.

Was hatten die Maurers auf ihrer Flucht erlebt, fragte ich mich, dass sie jetzt auf diese Art und Weise hausen mussten? Wieso bekamen sie immer mehr Kinder, wenn schon die Älteren nicht mal in einem eigenen Bett schlafen konnten? Die anderen Landarbeiterfrauen sahen ganz anders aus – und traumatisiert waren schließlich nahezu alle Flüchtlinge. Die Verwahrlosung der Maurers schien mir damals wie etwas Individuelles, wie etwas, für das sie sich aus freien Stücken entschieden hatten, und deshalb verstand ich sie umso weniger.

Ich mochte Gretchen, doch Zeit zum Spielen hatte sie nur selten. Sie musste immerzu auf ihre kleineren Geschwister aufpassen. Einmal gingen wir auf der Dorfstraße spazieren, sie schob einen Kinderwagen vor sich her.

Da sah ich plötzlich, dass in Gretchen eine Menge Wut schlummerte. »Du blöder Balg!«, schrie sie mit einem Mal. »Immer muss ich dich herumfahren! Nie darf ich spielen wie die andren Kinder! Nur deinetwegen!« Während sie schrie, schüttelte sie den Kinderwagen hin und her, und das Baby brüllte. Ich fand damals, dass Gretchen recht hatte mit ihrer Wut.

Gefühlsunordnung

M anche Dinge, heißt es, lernt man erst dann richtig zu schätzen, wenn man sie verliert. In schwierigen Situationen gilt das auch umgekehrt: Erst wenn man von ihnen erleichtert ist, spürt man, wie stark die Belastung eigentlich war.

Die Nazis hatten die Macht verloren, der Krieg war vorbei. Natürlich fühlte ich mich deswegen zuerst erlöst, erleichtert und froh. Ich war ungeheuer neugierig auf alles, was jetzt auf uns zukommen würde, auf die russischen Soldaten und ein Leben ohne die Nazis. Es war, als könnte ich zum ersten Mal nach langer Zeit wieder aufatmen, als könnte ich endlich ablegen, was mich ständig so bedrückt hatte.

Doch das jahrelange Schweigegebot, die Angst um meine Eltern und der Druck durch mein inneres *Doppelleben* – das alles war nicht spurlos an mir vorübergegangen.

Direkt nach der Befreiung gerieten meine Gefühle irgendwie in Unordnung. Ich wusste zwar noch nichts Genaues über meine Familie – es gab kein Fernsehen und keine Zeitungsbilder. Ich war aber sicher, dass es ihnen in Berlin gut ging, was auch immer sie bei *ihrem* Kriegsende in Berlin erlebt hatten. Ich erfuhr schließlich, dass alle am Leben waren, und das genügte mir auch vorerst. Es war ja die Hauptsache.

Die Nazis, dachte ich, waren erledigt. Oder: Sie konnten uns jetzt nichts mehr tun. Ihre Macht war gebrochen. Aber verschwunden waren sie deshalb ja nicht so einfach. Der Bauer, der unseren Lehrer Gertz angezeigt hatte, nur weil der keine Nazilieder mit uns Schulkindern sang und fast niemals die Hakenkreuzfahne hisste, richtete sich zum Beispiel ebenfalls in dem neuen Leben ein.

Auch die durchaus hübsche Tini, die rigorose BDM-Denunziantin, lebte natürlich unangefochten weiter im Dorf. Für sie bedeutete das Kriegsende einen Machtverlust. Woina und der BDM waren kaputt, und auch Tinis Einfluss war jetzt dahin. Sie hatte niemanden mehr, den sie denunzieren und über den sie sich stellen konnte. Seltsamerweise suchte sie sich ausgerechnet mich aus, um mir ihr Leid zu klagen, das als sentimentale Schwärmerei daherkam.

Sie suchte Kontakt zu mir und lud mich zu sich in die Pension ihrer Mutter nach Zingst ein. Dort zeigte sie mir voller Stolz ihren großen Schatz. Es war ein Bild – ihr liebstes –, das sie sich mitten an die Wand in ihr Zimmer gehängt hatte: die Fotografie der Totenmaske einer lächelnden jungen französischen Selbstmörderin. Das Bild hieß »Die Unbekannte aus der Seine« und war zu der Zeit sehr bekannt.

»Sie ist so wunderschön und so friedlich«, sagte Tini und betrachtete immer wieder die Totenmaske. »Findest du nicht auch?«

»Hmm«, murmelte ich, »es ist eben eine Totenmaske.«

Damals hätte man gesagt: Tini machte *einen auf Seelchen*.

Ich fand das Bild der Toten furchtbar und verstand nicht, was sie darin sah. Wieso schwärmte sie so sehr von einer Totenmaske? Was fand sie an einer jungen Frau, deren Augen geschlossen waren?

Ihre Schwärmerei von der Selbstmörderin erscheint mir im Nachhinein besonders eigenartig. Nicht auszuschließen, dass auch sie über Selbstmord nachgedacht hatte. Vielleicht kam es ihr so vor, als wäre Selbstmord die einzige Möglichkeit, die scheinbare *Ordnung* aufrechtzuerhalten, als könnten die BDM-Mädchen nur als Selbstmörderinnen wieder schön und zufrieden aussehen. Vielleicht gefiel ihr auch nur die Vorstellung, dass man vor all dem, was passiert war, die Augen verschließen und trotzdem zufrieden lächeln konnte.

Damals dachte ich darüber kaum nach. Ich fand nur, dass Tini sentimentalen Unsinn erzählte, und ein anderes, wildes Gefühl kroch wie eine große Welle in mir hoch – eine Wutwelle.

Je mehr ich nun über das Schicksal der Nazisympathisanten erfuhr, desto mächtiger wurde die Welle. Da hatten sich nun, dachte ich, welche *umgebracht* in Zingst. Hatten *Schluss gemacht,* zusammen mit ihren Kindern.

Na wenn schon, dachte ich.

»Was ist eigentlich aus Mueller-Darß geworden?«, fragte ich Friedel, »hat der sich eigentlich auch umgebracht?«

Ich fragte es und hoffte auf ein beherztes: »Ja, der hat sich erhängt« oder: »Ja, der hat sich vergiftet.«

Doch Friedel wusste es nicht. Von Mueller-Darß hatte er lange nichts gehört, und so sagte er nur: »Umgebracht? Nein, das glaube ich nicht.«

Rieke, eine unbeliebte Cousine von Onkel Friedel, die wir immer nur *Nazirieke* nannten, hatte ihren neunjährigen Sohn verloren. Als ich davon erfuhr, dachte ich: Geschieht ihr doch recht! Ich wusste, dass *Nazirieke* eine Denunziantin war.

Ich hörte nebenbei einen Satz über Flüchtlinge, die auf dem Darß angekommen waren, und sagte mir: »Erst haben sie Hitler gewählt, und jetzt kommen sie bei uns betteln!«

Ich fand, dass die Flüchtlinge selbst schuld waren.

»Gut so«, dachte ich, »jetzt können sie gefälligst mal darüber nachdenken, wem sie ihr Unglück eigentlich zu verdanken haben – uns nämlich nicht!«

Wir, das wusste ich ja, waren trotz aller Gefahren auf der richtigen Seite gewesen. Und *die* hätten uns gern einen Kopf kürzer gemacht, wenn sie gekonnt hätten! Wieso sollten *wir* uns dann jetzt um *die* kümmern? Wieso sollten wir *denen* jetzt helfen? Waren denn nicht alle selbst schuld, die sich nicht gegen Hitler gewehrt hatten?

Ich war ohne Mitleid und fühlte mich den Nazitätern und Nazimitläufern gleichzeitig turmhoch überlegen. Aus dem kleinen Mädchen war ein Rachemonster geworden.

Solche Gedanken hegte ich, und solche Wutwellen erlebte ich, obwohl wir gerade *befreit* worden waren, obwohl es für mich also eigentlich mehr Grund zur Freude gab als in all den Jahren davor.

Heute wundere ich mich, wie die glückliche Befreiung vom Nationalsozialismus in einer anderen Schicht meiner Psyche eine derartige Explosion von Hass und Kälte auslösen konnte. Lag das einfach nur an der Unordnung meiner Gefühle? Brauchte ich ein Ventil für die jahrelange, mir selbst jedoch kaum bewusste Anspannung? Oder spürte ich erst jetzt, wie sehr ich tatsächlich unter den Nazis und meiner wegen ihnen notwendigen Verstellung gelitten hatte?

Während der Nazizeit war unser Geheimnis, dass wir gegen sie waren, richtig und lebensnotwendig, doch mit einem Mal gab es für meine Anspannung und Entbehrung keinen Grund mehr. Die Anspannung verwandelte sich in *rechtmäßigen Hass*. Vielleicht war es auch nur so, dass ich endlich, nach so vielen Jahren, zeigen, denken und sagen durfte, wie sehr ich die Nazis immer schon gehasst hatte.

Es hat eine geraume Zeit gedauert, bis ich mich für diese Haltung geschämt habe. Bis ich begriffen habe, dass Leiden immer individuell ist.

Auch wenn es damals manchen Leuten trotzdem recht geschehen ist!

Viele wollten direkt nach dem Krieg nur noch die Augen verschließen. Und es gab andere, die ihre Augen offen hielten, um sich selbst zu retten. Tatsächlich hatte sich Mueller-Darß nicht umgebracht, sondern nur gut versteckt. Er kannte den dichten Wald und auch einen gut mit Proviant gefüllten Bunker darin. Dort verpasste er den Einmarsch der Russen.

Zwar durchkämmte die Rote Armee die Wälder gründlich mit Suchkommandos, doch der SS-Standartenführer und Hundeabrichter Mueller-Darß ging ihnen dabei durch die Lappen – sie fanden ihn nicht.

Mueller-Darß hatte großes Glück, denn es gelang ihm, in einem Boot über den Bodden in Richtung Hamburg zu entwischen. Wie es heißt, geriet er dort kurze Zeit in britische Gefangenschaft, durfte dann aber nicht mehr zurück in die Forstverwaltung und den öffentlichen Dienst. So kam er schließlich – wen wundert es heute noch – beim Bundesnachrichtendienst unter und starb erst 1976 im Alter von sechsundachtzig Jahren in Oberbayern.

Er starb friedlich – seine Rolle im KZ-Außenlager Darß

oder als Himmlers *Beauftragter für das Diensthundewesen*, Diensthunden, die in Konzentrationslagern gezielt Menschen angriffen, ist nie aufgearbeitet worden.

Frau, komm!

In den ersten Tagen der Besatzung wohnten die Soldaten der Roten Armee in Privatquartieren, meist in Zingst. Die Bewohner mussten ihre Häuser verlassen und für die russischen Soldaten freigeben.

Mädchen und Frauen ließen sich während dieser Zeit möglichst wenig blicken. Bei uns in Müggenburg verkrochen sie sich abends vorsichtshalber im Giebel des alten Hauses, im Schafstall und an anderen Plätzen, an die ich mich nicht mehr erinnere.

Es gab ein Spiel, das wir Kinder gerne spielten. Das Spiel hieß: *Frau, komm!*

Diese beiden Worte waren plötzlich in aller Munde. Der Ausdruck wurde scherzhaft gebraucht, aber ich spürte, dass es damit auch eine ernste Bewandtnis hatte.

Ich wusste, dass das Spiel etwas mit der mysteriösen *Vergewaltigung* zu tun hatte, dass die Soldaten den Frauen etwas Schlimmes antaten und dass dieses Schlimme der Grund war, wieso die Frauen wegliefen und sich abends versteckten. Wir Kinder hatten auch mitbekommen, wo die guten Verstecke waren. Ab und zu hörte ich, wie Frauen sich leise darüber unterhielten, doch sobald ein Kind in Hörweite auftauchte, wechselten sie schnell das Thema.

Man hat oft nach Erklärungen für die unfassbare Zahl der Vergewaltigungen durch die Rotarmisten gesucht – es sollen geschätzte zwei Millionen gewesen sein. Rache, Triebabfuhr oder die schlichte Primitivität des roten Bauernheeres, alles davon mag zutreffen.

Für jede Einzelne der betroffenen Frauen war die Erfahrung traumatisch. Kurz nach Kriegsende konnten sie jedoch immerhin miteinander darüber sprechen und sich mit Schicksalsgenossinnen austauschen. Später scheinen sie verstummt zu sein. Die Männer kamen zurück, und bald, in der DDR, war es nicht mehr angebracht, etwas Negatives über *die Freunde* zu sagen. Oder die Frauen zogen mit ihren Familien in den Westen, wo man von Vergewaltigungserlebnissen ebenfalls lieber nichts hören wollte.

Unser Spiel *Frau, komm!* war, so abscheulich es heute klingen mag, im Grunde nichts anderes als die Abwandlung eines normalen Fangenspiels. So ahnungslos wie rüde benutzten wir darin Worte, die uns kaum etwas sagten.

Eines dieser Worte war: *vergewohltätigt*. Es wurde als Ausdruck der Geringschätzung von manchen der großen Jungen benutzt, etwa so: »Habt ihr schon gehört? Die Sowieso ist auch schon vergewohltätigt worden«, gefolgt von zotigem Gelächter.

Unsere damalige Ahnungslosigkeit mag heute unglaubwürdig erscheinen, aber vor mehr als siebzig Jahren war sexuelle Aufklärung ein Fremdwort. Es gab sie schlicht nicht. Schon gar nicht für *anständige Mädchen*. Wenn Mütter sich überhaupt aufrafften, ihren Töchtern etwas über die *facts of life* zu erklären, dann meist erst so spät, dass diese das Wesentliche längst auf der Straße oder von Mitschülern erfahren hatten.

In dem Spiel *Frau, komm!* tauchte auch das Wort *ficken* auf. Es schien ebenfalls in diesen geheimnisvollen Bereich zu gehören. Auch darunter konnten wir, die neunjährige Claudine und die zehnjährige Cornelia, uns damals nichts vorstellen. Wir beratschlagten, wen wir am besten danach fragen könnten, denn wissen wollten wir es natürlich doch.

Claudine schlug vor: »Wir gehen am besten zu meiner Mutter.«

Ich war einverstanden. Unsere Forschungsaktion sah dann so aus: Claudine stellte sich vor Tante Hilde und fragte: »Mutti, sag mal – was ist das eigentlich mit dem Ficken?«

Tante Hilde schlug die Hände über dem Kopf zusammen und fiel fast in Ohnmacht.

»Mädchen!«, sagte sie. »Also als Erstes: Dieses Wort dürft ihr nie, nie benutzen! Es ist ein sehr schmutziges Wort! Habt ihr verstanden: niemals!«

Wir nickten.

»Man sagt Zeugung dazu«, ergänzte sie schließlich.

»Und wie geht das mit dieser Zeugung?«, fragte Claudine.

Tante Hilde lächelte schief, bewegte den Kopf hin und her und meinte: »Wenn Vater und Mutter sich ganz lieb haben, dann rücken sie ganz nah zueinander. Und so entstehen dann Babys.«

Alles andere überließ sie unserer in dieser Hinsicht nur spärlich entwickelten Fantasie. Wenigstens hatte sie nicht von Blumen und Bienen gesprochen, aber irgendwie schleierhaft blieb uns die Geschichte trotzdem.

Draußen im Garten sagte Claudine sehr nachdenklich: »Meine Eltern machen so was bestimmt nicht.«

Kameradschaftlich pflichtete ich ihr bei: »Meine bestimmt auch nicht.«

Etwa mit sechzehn Jahren bekam ich ein schmales Taschenbuch in die Hände. Es war gedruckt auf schlechtem Papier. Statt dem Namen einer Autorin stand nur Anonyma auf dem Titel. In dem Buch ging es ausschließlich um Vergewaltigungen durch Russen in Berlin. Das Büchlein war rasch wieder verschwunden, bis es nach der Wende neu erschien, auf die Bestsellerliste kam und sogar etwas reißerisch verfilmt wurde. – Es ist noch nicht sehr lange her, dass das diesbezügliche Verhalten der Westalliierten erforscht wurde. Auch auf der westlichen Seite gab es Vergewaltigungen, doch standen sie zahlenmäßig in keinem Verhältnis zu denen der Russen.

Trotz oder gerade wegen unserer Ahnungslosigkeit muss uns dieser ganze Komplex weiter brennend interessiert haben. Wir befassten uns nämlich zeichnerisch mit dem Thema. Ich weiß nicht mehr, was wir da aufs Papier brachten, aber es muss schon ein wenig nach Pornografie ausgesehen haben. Claudine erinnert sich an Blut, männliche Geschlechtsteile und Eimer.

Was wir beide noch wissen: Justus kam plötzlich durchs Fenster ins Zimmer, warf einen Blick auf die *schweinischen Zeichnungen,* entriss sie uns und brachte sie seiner Mutter.

Zur Strafe durften wir eine Woche lang nicht miteinander spielen. Eine andere Reaktion fiel Tante Hilde nicht ein – an eine vernünftige Aufklärung war nicht zu denken.

In der zweiten Woche erfolgte ein Aufruf in Zingst. Damals wurden Bekanntmachungen noch öffentlich ausgeklingelt. Alle Mädchen und Frauen zwischen sechzehn und sechzig Jahren, hieß es, hätten sich am nächsten Morgen auf dem

Kasernenhof einzufinden. Die meisten Frauen folgten dem Aufruf, viele von ihnen mit bösen Vorahnungen.

Doch auf dem Kasernenhof türmten sich schon die Bettgestelle, Stühle und Hitlerbilder, und den Frauen wurde lediglich mitgeteilt, dass sie die ausgeräumten Kasernenräume scheuern sollten.

Die Scheueraktion fand mehrmals hintereinander statt, Frauen mit kleinen Kindern waren freigestellt.

Während die Frauen putzten, standen die russischen Soldaten herum und riefen »rabotti, rabotti« – arbeiten, arbeiten – oder »dawei, dawei« – los, los. Es waren die ersten russischen Worte im Dorf, die bald jeder verstand.

Als die Kasernen beziehbar waren, verließen die Mannschaften die Privathäuser auf der Halbinsel, nur die Offiziere durften weiter darin logieren.

Nach wenigen Wochen gab es in Zingst einen erneuten Aufruf, den auch wir Kinder mitbekamen. Aber Claudine und ich konnten uns darunter kaum etwas vorstellen. Alle Mädchen und Frauen, hieß es, mussten sich auf »Geschlechtskrankheiten« untersuchen lassen. Die Untersuchung sollten sowjetische Ärzte vornehmen, die Zingster Gemeindeschwester musste ihnen dabei helfen. Wie viele Frauen vom Darß diesem Aufruf gefolgt sind – ich weiß es nicht.

Dawei, dawei

An einem frühen Nachmittag fuhr ein russischer Armeelastwagen auf unseren Hof. Ich hörte laute Stimmen und das Rattern des Motors, also rannte ich nach draußen. Auf der Ladefläche des Lastwagens saßen Leute aus Müggenburg, die wir kannten. Die Soldaten ließen den Wagen rattern, und es ging alles ganz schnell: Sie sprangen von der Ladefläche und trommelten die Erwachsenen zusammen. Mit »dawei, dawei« befahlen sie ihnen, rasch auf den Lastwagen zu klettern. Zurück blieben nur Omama und wir Kinder.

»Wo sind denn Frau Maurer und das Baby?«, fragte ich Justus leise.

»Baby und Matka zu Hause«, rief einer der Soldaten, ohne sich zu mir umzusehen.

»Wann kommen die Erwachsenen wieder zurück?«, rief ich halblaut, aber nicht laut genug, um das Röhren der Lastwagen zu übertönen. Ich bekam keine Antwort, und die Soldaten fuhren los.

Bald waren sie außer Sichtweite, und die Älteren unter uns, ich zählte auch mich dazu, sahen sich ratlos an: »Was glaubt ihr, wann die zurückkommen?«

»Und wohin fahren die?«

Justus antwortete mir auf Russisch: »Ja ne snaju«, ich weiß

es nicht. Wir sahen uns ratlos an. Würden sie *überhaupt* zurückkommen?

Ich meine mich zu erinnern, dass Justus und ich die Fassung als Erste wiederfanden. Wer konnte Bescheid wissen, was los war? Wen konnten wir fragen? Was sollten wir tun? – Omama war zwar in ihrem Zimmer, aber wir wollten sie lieber in Ruhe lassen. »Was ist mit Frau Maurer?«, fragte Justus.

»Ach nee«, meinten Gretchen und Hansi wie aus einem Munde, »die brauchen wir nicht – sie soll besser bei dem Baby bleiben.« Ich hatte Gretchen im Verdacht, dass sie jetzt nicht auch noch das Baby am Hals haben wollte.

»Wir werden es auch allein schaffen«, sagte ich mutig, obwohl ich mir nicht ganz so sicher war.

Wichtig war jetzt, nicht in Panik zu verfallen und die kleineren Kinder zu beschäftigen. Etwas anderes blieb uns kaum übrig. Also vertrieben wir uns die Zeit. *Der Plumpsack geht um*, Verstecken, Fangen, Ballspielen und was weiß ich noch. Es wurde immer später, der Nachmittag schritt voran, und auch am Abend war der Lastwagen noch nicht zurück.

»Ich habe Hunger«, rief ein Kind. Ein anderes rief: »Und ich will was trinken!« Ich glaube, es war Christian.

Gretchen blickte mich sachlich, wie eine erfahrene Hausfrau an und sagte: »Wir sollten den Kindern jetzt lieber etwas zu essen machen. Sonst fangen sie bald an zu brüllen.«

Claudine fügte hinzu: »Ich brülle zwar nicht, aber ich bekomme auch langsam Hunger.«

In der Küche war es dämmrig. Kühlschränke gab es noch nicht, und der Strom war sowieso kaputt, aber zum Glück kannte ich mich in Marias Küche und Vorratskammer gut aus. Ich konnte mich auch in der Dämmerung gut zurechtfinden.

Ich öffnete die Tür der Vorratskammer im ersten Stock und schrie auf. Zwei große, dicke, dunkelbraune Ratten mit sehr langen Schwänzen sprangen aus einem Regal und verschwanden irgendwo unter den Brettern. Da unten war wohl ein Rattenloch. Ich wich ein paar Schritte zurück und atmete tief durch. Ich MUSSTE an die Regale, es gab keinen anderen Weg. Also nahm ich all meinen Mut zusammen, trat wieder an das Regal und raffte hektisch zitternd möglichst viel Ess- und Trinkbares zusammen. Wenn Tante Maria wieder da war, musste ich ihr unbedingt von dem Rattenloch erzählen.

Tatsächlich konnten wir die Kleinen durch das Essen und Trinken beruhigen, doch von den Erwachsenen war noch immer keine Spur.

»Und was machen wir jetzt?«, fragte Claudine.

»Ganz einfach«, schlug Gretchen vor, »jetzt setzen wir uns im Garten in einen Kreis und singen etwas. So machen wir das bei uns zu Hause auch immer.«

Also setzten wir uns jetzt draußen im Garten auf den Rasen und sangen so ungefähr alle Lieder, die wir kannten. Die Kleinen schliefen eines nach dem anderen ein. Irgendwann sangen nur noch wir Älteren. Um uns herum wurde geschnarcht. Noch immer hatten wir keine Nachricht von den Erwachsenen oder den russischen Soldaten.

»Hilft nichts«, sagte Gretchen, »wir müssen die Lütten jetzt irgendwo zum Schlafen hinlegen. Wir helfen euch, dann gehen Hansi und ich nach Hause.«

Eins nach dem anderen trugen wir die Kinder hinein. Die aus dem alten Haus kamen in ihre Betten, die anderen wurden auf das Sofa und die Sessel im Wohnzimmer im neuen Haus verteilt. Claudine und Justus wachten im alten Haus, ich im neuen Haus.

Ich setzte mich auf den Fußboden und sah auf die große Standuhr im Wohnzimmer. Schon zehn Uhr. Nirgendwo war ein Geräusch, nur der große Zeiger rückte gleichmäßig weiter – tack, tack, tack.

Den ganzen Tag war ich ruhig geblieben, doch jetzt stieg Panik in mir auf. War es möglich, dass sie *gar nicht* zurückkamen? Es war durchaus möglich. Es war in diesen Zeiten fast alles möglich. Aber was bedeutete das?

Viele Gedanken gingen in meinem Kopf herum. Fast überall hatten Plünderungen stattgefunden auf dem Eroberungsmarsch der Roten Armee nach Deutschland, und auch in der ersten Zeit der Besetzung. Sie warfen Möbel aus dem Fenster auf die Straße, sie nahmen mit, was ihnen gefiel, sie demolierten Wohnungen in scheinbar sinnloser Wut.

Uns Kindern war nicht verborgen geblieben, dass die russischen Soldaten es ganz besonders auf zwei Dinge abgesehen hatten: Armbanduhren und Fahrräder. Und natürlich auf Frauen.

Manchmal war es nicht zu übersehen, dass sie ihre Fahrräder gerade erst geklaut hatten – sie probierten die Räder mit kindlicher Begeisterung aus, schlingerten fröhlich hin und her und feuerten sich in Grüppchen gegenseitig an, noch waghalsiger zu fahren. Sie waren offenbar Anfänger im Radeln, nicht selten fielen sie dabei um, und das Rad war zerbeult und nicht mehr zu gebrauchen. Dann hieß es: »*Nitschewo*« – macht nichts! –, und sie holten sich eben ein anderes. Die deutsche Bevölkerung musste den Diebstahl hinnehmen, so ärgerlich er auch war. In dieser autolosen Zeit stellten Fahrräder ein nahezu unersetzliches Fortbewegungsmittel dar wie auch einen soliden Lastesel.

Ich hatte in Müggenburg Fahrradfahren gelernt, und zwar im Stehen, weil es keine kleinen, sondern nur Erwachsenenräder gab und man den Sattel nicht tiefer stellen konnte.

Bis jetzt hatte ich wirklich noch keine Angst vor den Russen gehabt. Wenn sie in kleinen Grüppchen auf dem Hof herumstanden, hatte ich mich vor allem darauf konzentriert, ob ich verstehen konnte, worüber sie untereinander auf Russisch sprachen. Tatsächlich verstand ich sehr viel und konnte mir den Rest aus dem Zusammenhang erschließen. Dass mir das Russische nicht nur fremd, sondern zugänglich war, war für mich damals eine tolle Entdeckung.

Zwar wurde auch an die größeren Kinder allgemein die Aufforderung ausgegeben, nicht zu weit vom Hof wegzugehen, doch die Erwachsenen hatten anderes zu tun, als sich um die Einhaltung dieser Regel zu kümmern. Ich nahm sie jedenfalls nicht ernst und bewegte mich unbekümmert in Müggenburg, ohne vor den Russen auf der Hut zu sein.

Vorgestern noch war ich auf Marias kostbarem Fahrrad die Landstraße entlanggeradelt. Im Stehen war das anstrengend, und ich keuchte. Ich hatte etwas gehört, und als ich mich umdrehte, blieb mir fast das Herz stehen. Wie aus dem Nichts standen zwei russische Soldaten knapp hinter mir. Sie blickten auf das Fahrrad und kamen näher. Anscheinend vertraute ich in diesem Moment meinen flinken Beinen mehr als den Pedalen. In Windeseile stieg ich vom Rad, nahm den Lenker fest in die Hände und rannte so schnell ich konnte, während ich das Rad neben mir herschob.

Als ich mich vorsichtig umdrehte, sah ich, dass die beiden Soldaten stehen geblieben waren und sich vor Lachen bogen. Das rennende, ein klapperndes Fahrrad schiebende Mädchen – ich muss ein urkomischer Anblick gewesen sein. Wer weiß – vielleicht hatten die beiden gar nicht vorgehabt, Marias Fahrrad zu stehlen.

Tack, tack, tack, machte die Uhr.

Es war schon nach elf, und ich musste kurz eingenickt sein, als ich hochschreckte, weil draußen Motorengeräusche zu hören waren. Die Armeelastwagen waren zurückgekommen und lieferten die Erwachsenen unbeschadet ab. Claudine, Justus und ich rannten ihnen entgegen und erzählten atemlos, wie wir uns um die Kleinen gekümmert hatten.

Wir wurden gelobt, die Eltern sammelten ihre Kinder von den Sofas ein und gingen nach Hause. Zwei der neuen Arbeiter machten sich gleich daran, die Kühe zu melken, obwohl es schon mitten in der Nacht war. Ich fiel ins Bett und schlief erleichtert ein.

Am nächsten Tag kam die Erklärung: Die russischen Soldaten durchkämmten systematisch die Dörfer, um SS-Leute und andere Nazibelastete aufzuspüren. Mueller-Darß hockte unbehelligt in seinem Bunker im Wald, aber in Müggenburg hatten die Russen einen *Belasteten* gefunden: Es war ein neunzehnjähriger Bauernsohn, den alle kannten und der bei der Waffen-SS gewesen war. Er hatte sich die SS-Tätowierung unter seiner Achsel offenbar nur unprofessionell entfernen lassen. Er kam in Barth oder Stralsund ins Gefängnis, wurde aber nach nicht allzu langer Zeit entlassen.

Die Deutschen wurden jedoch von den Russen nicht nur danach überprüft, ob sie *schuldig oder belastet* waren. Es ging auch um die Frage, wie *nützlich* sie ihnen sein konnten. So waren Wissenschaftler aus der deutschen Rüstungsforschung nicht nur bei den Sowjets besonders begehrt. Einige wurden mit ihren Familien nach Russland abtransportiert, ohne zu wissen, wohin die Reise ging. Andere bekamen attraktive Angebote und Forschungsmöglichkeiten, die sie nur schwer ablehnen konnten, und begannen ein neues Leben in einer Gegend, die ihnen völlig unbekannt war.

Aber *Nützlichkeit* konnte auch bei den Amerikanern eine etwaige *Nazibelastung* ausstechen. Beispielsweise im Fall von Wernher von Braun, dem Topingenieur der Raketenforschung der Nationalsozialisten. Er konnte in den USA nahtlos in der Raketenforschung weiterarbeiten – nur auf der anderen Seite.

Später habe ich im Gespräch mit Russen mehrfach gehört: »Ihr seid so *reich*!«, sagten sie verwundert. Und sie fügten hinzu: »Dabei habt *ihr* doch den Krieg verloren!«

Sie hatten recht: Was besaßen wir Deutschen damals nicht alles! In Häusern und Wohnungen gab es Porzellan, Besteck, Tisch- und Bettwäsche, Kommoden, Schränke und manchmal sogar ein Klavier. Und mitten im Bodden ankerte ein Schiff, randvoll mit Schnäpsen!

Den Soldaten der Roten Armee, die meist aus viel ärmeren Verhältnissen kamen, müssen bei ihrem Eroberungsmarsch nach Westen und auch nach der Besetzung Ostdeutschlands manchmal die Augen übergegangen sein. Manches, was sie in den Häusern vorfanden, war ihnen auch schlicht unbekannt. Schon aus bloßer Neugierde griffen sie deshalb zu und probierten die Dinge aus. – Wer erinnert sich noch an Ausrufe wie »Wasser aus Wand« oder »Licht aus Kabel«?

»*Uri, Uri!*«, war praktisch ein Schlachtruf der russischen Soldaten. Meine kleine Armbanduhr mit dem roten Leder-armbändchen haben sie mir aber gelassen. Sie war ihnen vielleicht zu klein und zu kindlich. Einmal streckte mir ein russischer Soldat voller Stolz seinen bloßen Unterarm ent-gegen. Er hatte ihn von oben bis unten mit Uhren bestückt.

»Was machst du denn mit all den Uhren?«, fragte ich.

»Alles für Liebchen«, antwortete er lächelnd.

Der einzige Gegenstand, den wir einbüßten, war Marias gute Singer-Nähmaschine. Zwei Soldaten tauchten auf und nahmen sie – freundlich, aber bestimmt – mit.

Marusja

Die Sommerabende auf dem Darß waren nie wieder so lang wie im Jahr 1945. Die Russen hatten bei ihrem Einmarsch nicht nur Soldaten, Pferde und militärisches Gerät mitgebracht, sondern auch eine neue Zeit. Die Uhren wurden auf Moskauer Sommerzeit umgestellt – deshalb war es abends zwei Stunden länger hell. Im Juni begann die Dämmerung erst nach zehn.

Da störte es mich auch nicht, dass es bis zum Oktober keinen elektrischen Strom geben sollte. Die blakenden Petroleumlampen mit ihren gläsernen Zylindern gefielen mir sowieso besser.

Hinzu kam, dass die Schule noch immer geschlossen war. Dass Fräulein Seek mich nach *Altmetall* gefragt hatte und dass wir zu Nazimusik in der Turnhalle marschiert waren, das konnte ich mir kaum noch vorstellen.

Wenn ich aufstand, meinte ich manchmal schon in meinem Zimmer das Meer zu hören, und fast immer waren die Tage sonnig. Meine Ferien schienen endlos zu sein.

Nach ein paar Wochen zog ein Teil der ersten russischen Einheit ab, und es kamen Kosaken auf den Darß. Bei ihrem Einzug in Zingst veranstalteten sie ein traditionelles Reiterfest, aber das erfuhr ich erst später.

Die Kosaken brachten Steppenpferde nach Müggenburg. So entzückende Tiere hatte ich noch nie gesehen. Sie waren nicht so groß wie die Pferde mit den hohen Beinen, die ich bisher kannte, aber auch nicht so klein wie Ponys.

Von Friedel erfuhr ich, dass Steppenpferde eine besonders widerstandsfähige Konstitution besaßen, obwohl sie nicht danach aussahen – Steppenpferde sind weder zottelig wie Islandpferde im Winter noch dicklich wie Kaltblüter. Heute würde man sie wahrscheinlich nicht mehr als Steppenpferde, sondern als *Don-Pferde* bezeichnen, die traditionellen Pferde der Donkosaken, die seit Jahrhunderten an das Steppenklima gewöhnt sind.

Ihr Fell glänzte, ihre Beine sahen im Vergleich zu ihren muskulösen Körper regelrecht dünn aus, und ihre Augen blickten in einer gemütlichen Weise vornehm.

Drei junge russische Kosaken brachten ihre Pferde in unseren Stall und auf die nahe gelegene Koppel. Ich beobachtete, wie sie die Pferde über unseren Hof führten. Einer von ihnen war etwas jünger, ungefähr achtzehn, und ich hatte gehört, dass er Nikolai hieß. Die anderen beiden waren ein wenig älter, wahrscheinlich ungefähr Mitte, Ende zwanzig.

Ich traute mich, den drei Soldaten auf Russisch »Guten Morgen!« zuzurufen. Sie blickten sich nach mir um und erwiderten meinen Gruß freundlich.

Die polnischen Landarbeiter waren noch nicht alle durch Deutsche ersetzt worden, darum mussten auch wir Kinder auf dem Acker mithelfen, zum Beispiel bei der Kartoffelernte auf dem großen Feld.

Die Sonne brannte uns in den Nacken, und wir schwitzten, während wir uns immer wieder zum Boden hinunter-

beugten. Ich umfasste den Schopf der trockenen Kartoffel-
stauden mit der Hand und zog sie aus der Erde. Manchmal
sah ich Würmer, die hilflos zappelten, bis sie sich wieder
eingraben konnten. Ich wiegte kleine, besonders runde
Kartoffeln in einer Hand. Wenn ich aufsah, kam mir das
Feld bis zum Bodden fürchterlich weit vor. Schon am
Nachmittag tat mir der Rücken weh.

Statt des großen Traktoristen Jeschek saß nun Justus auf
dem Trecker. Er zog die Egge Furche für Furche hinter
sich her, damit das Unkraut gar nicht erst wachsen konnte.
Kaum war er mit dem einen Feld fertig, konnte er wieder
von Neuem lostuckern. Dass er erst vierzehn war, störte in
dieser Zeit wahrscheinlich niemanden.

Mitten auf dem Feld – Justus schrie gerade etwas in
meine Richtung – entdeckte ich einen ungewöhnlichen
dunkelbraunen Stein, etwa so groß wie die Faust eines
vierjährigen Kindes. Ich ließ die Kartoffelstaude fallen,
rieb ein wenig Erde von den Seiten des Steins und hielt
ihn gegen die Sonne. Die Oberfläche fühlte sich rau an,
aber innen schien er zu glänzen. Ein gewöhnlicher Stein
war das nicht.

Ich zeigte ihn der Frau, die in der Reihe direkt hinter
mir arbeitete.

»Mädel«, rief sie, »das ist ja unglaublich! Du hast einen
riesengroßen Bernstein gefunden!«

»Wirklich?«

»Ja! Du musst ihn nur zu Hause tüchtig mit Essig putzen,
dann wird er richtig leuchten!«

Die Frau hatte recht. Ich trug den Stein in einer Tasche
nach Hause, rieb eine Stelle kräftig mit Essig sauber, und
die Stelle glänzte goldgelb.

»Aber ich dachte«, fragte ich Maria, »man findet so große

Bernstein nur im Meer, zum Beispiel nach einem Sturm. Wieso liegen die denn im Acker?«

»Ja«, sagte Maria, »das stimmt. Aber dort auf dem Acker *war* ja früher einmal das Meer und davor ein Wald.«

Eines Mittags traf ich Nikolai im Stall. Er war allein, und ich sah ihn zum ersten Mal ganz aus der Nähe und ohne die Kopfbedeckung. Sein Kopf war kahl geschoren, er hatte schmale, blaugraue Augen und ein feines, ernstes Bubengesicht. Seine Armeebluse war hellbraun und olivgrün verwaschen, und er trug seinen Gürtel sehr fest um die Taille gezurrt.

Mir fiel auf, wie dünn er war. Fast wie ein Mädchen!

Plötzlich sah mich Nikolai sehr fest an und zog ein Foto aus seiner Hosentasche. Es war vergilbt und in der Mitte eingeknickt, so als hätte er das Foto schon lange mit sich herumgetragen. Oder hatte er es extra an diesem Morgen eingesteckt, um es mir zu zeigen?

Ich erkannte ein weißblondes Mädchen mit einem runden Gesicht, das etwa in meinem Alter sein musste.

»Jelena, meine kleine Schwester«, sagte er auf Russisch. Er drückte die rechte Hand auf sein Herz und sah mich traurig an: »*Ja taskuju.*«

Seine Geste war leicht zu erklären und der Sinn seiner Worte nicht schwer zu verstehen. *Ich habe Sehnsucht.*

Auch ich hatte Sehnsucht, sagte es aber nicht. Mein Bruder Konstantin war nur wenig älter als Nikolai und befand sich seit fast einem Jahr im Donezbecken, im Kohlerevier, das heute an der russisch-ukrainischen Grenze liegt. Dass Konstantin in russischer Kriegsgefangenschaft war und Nikolai wegen den Deutschen jahrelang von seiner Schwester getrennt sein musste, das stand in diesem Moment aber nicht zwischen uns, im Gegenteil: Es war etwas, das mich und Nikolai verband. Wir hatten beide Geschwister, wir hatten beide gelitten, und waren froh, dass es damit bald endlich vorbei sein würde.

Nikolai trat neben sein Steppenpferd und sagte: »Möchtest du mal reiten?«

»Ja«, erwiderte ich überrascht, »nimmst du mich mit?«

»Morgen früh, wenn die Pferde zur Tränke gehen, kannst du mitkommen.«

Nikolai führte sein Pferd an mir vorbei, dann drehte er sich noch mal um: »Wie heißt du überhaupt?«

»Ich heiße«, sagte ich und zögerte. *Cornelia* schien mir wegen der Aussprache zu schwierig, darum nannte ich meinen zweiten Namen: »Maria.«

»Auf Russisch heißt das Marusja«, rief er im Gehen, »so kann ich dich doch nennen?«

»Ja, das gefällt mir«, sagte ich. Es gefiel mir wirklich! Ich hatte meinen ersten *eigenen* Russen kennengelernt.

Ich verabschiedete mich und rannte über den Hof. Ich konnte kaum glauben, dass ich am nächsten Tag würde reiten dürfen. Und dazu noch auf diesen wunderbaren Steppenpferden!

Außerdem war ich erstaunt, dass ich ihn so gut verstanden hatte. Sicherlich sprach ich mit starkem deutschem Akzent, und mein Russisch war nicht das beste. Aber ich konnte mich mit einem Kosaken verständigen. Was hätte ich ohne Friedels Initiative getan? Hätte ich Nikolai überhaupt kennengelernt?

Da fiel mir plötzlich ein, dass ich eigentlich vorher Friedel fragen musste. Doch Friedel hatte keine Einwände. Er sagte nur: »Pass auf, dass du nicht vom Pferd fällst!«

Am nächsten Morgen stand ich schon auf dem Hof, als Nikolai mit den Pferden aus dem Stall kam. Es waren zehn oder zwölf Pferde. Nikolai erklärte mir, was ein Leitpferd ist und dass er auf ihm reiten würde, weil dann die anderen Tiere folgten. »Jetzt«, sagte er, »suchen wir ein Pferd für dich aus, Marusja.«

Er führte sein Pferd am Zügel, einen Sattel trug es nicht. Er ging auf einen Braunen mit schwarzer Mähne und schwarzem Schweif zu.

»Das ist Ljuba, die ist sehr brav, sie ist richtig für dich.«

Wieder war ich stolz, alles verstanden zu haben. Das Pferd war also eine Stute, und ihr Name bedeutete *Liebe*. Nikolai legte ihr Zügel und Zaumzeug an, und ich zitterte vor Aufregung.

Aber nun gab es ein Problem: Wie sollte ich eigentlich ohne Steigbügel auf den Rücken von Ljuba kommen? Um mich einfach hochzuschwingen, war ich noch viel zu klein. Für eine Zehnjährige war das kaum zu schaffen.

Nikolai strich Ljuba über den Kopf, sah sich um und hatte die Lösung schnell gefunden: Ein großer Stein, der an der Einfahrt zum Hof lag.

»Steig da rauf«, sagte er, »du hältst Ljuba am Zügel fest, legst ein Bein über ihren Rücken und springst gleichzeitig mit Schwung auf.«

Als ich neben Ljuba auf dem Stein stand, wehrte sich das Tier nicht, es sah mich nur gutmütig an. Sie schien geduldig mit Anfängerinnen zu sein.

Ich legte also ein Bein über ihren Rücken, und das Pferd stand ganz ruhig. Dann schwang ich mich mit einem Satz auf. Ljuba begann, langsam hinter Nikolai herzutraben. Wir ritten die sandige Dorfstraße entlang, dann auf die Wiese zur Tränke. Ich kam mir vor wie eine Königin.

Von einem Pferd herunterzukommen war viel leichter als hinauf. Ich brauchte nur seitlich herunterzurutschen.

Während die Pferde tranken, lagen wir im Gras, sahen in den Himmel und schwiegen. Ich weiß nicht, wieso ich mich in der Nähe dieses jungen Russen so wohlfühlte. Es war, als hätte ich literweise Glück getrunken.

Ich durfte jetzt jeden Tag reiten, meistens war Nikolai dabei, manchmal auch einer der anderen beiden ein wenig älteren Russen. Sie hießen Iwan und Wladimir.

Sie trugen selten Uniformblusen und auch keine Käppis wie Nikolai, sondern meistens etwas wie ein Jackett und Kopfbedeckungen mit einem festen Schirm.

Iwan war etwas untersetzt, hatte bindfadenglatte, schwarze, an einigen Stellen silbergraue Haare und war eigentlich Tierarzt. Er schien mir sehr ernst und still, doch immer wenn ich ihn ansprach, war er sehr freundlich.

Wladimir war ebenfalls sehr zurückhaltend, aber schlaksig und mir fast ein bisschen unheimlich.

Einmal war Wladimir allein bei den Pferden und erwartete mich mit einem seltsamen Gesichtsausdruck.

Bevor ich auf den Stein und von da aus auf Ljuba steigen konnte, hob er mich mit einem kräftigen Griff hoch und setzte mich auf Lichoj, einen rotbraunen Fuchs mit feurigen Augen. Ich wagte es nicht, gleich wieder herunterzuspringen.

Wladimir setzte sich auf das Leitpferd, und es ging wie immer im Schritttempo los. Sobald wir jedoch die Straße hinter uns gelassen hatten, stach er seinem Pferd mit der Stiefelferse in den Bauch, als wären Sporen an seinen Schuhen gewesen. Sofort fiel das Leitpferd in Galopp. Auch Lichoj, mein feuriger Fuchs, preschte sofort los, und ich wurde nach hinten gedrückt, konnte mich aber gerade noch in der Mähne des Tieres festkrallen. Ich hielt die Zügel zwar in den Händen, aber sie allein konnten mir jetzt nicht mehr helfen.

In einem wahnsinnigen Tempo galoppierte das Pferd über die Straße, und ich betete, dass es mich halten würde.

Plötzlich stoppte Wladimir sein Pferd und sprang ab. Alle anderen Pferde blieben ebenfalls folgsam stehen, auch mein Lichoj.

Wladimir blickte mich an und schüttete sich vor Lachen fast aus. Ich war schweißgebadet und zitterte.

Im Lauf der nächsten Wochen wurden Nikolai und ich so etwas wie Ersatzgeschwister. Irgendwie gab es ein stummes Einverständnis zwischen uns, ein Gefühl, das nicht vieler Worte bedurfte.

Auch der schwarzgelockte Hansi Maurer, Gretchens Bruder mit den lustigen braunen Augen, durfte manchmal mit zur Tränke reiten.

Eines Sonntag Abends bat uns Iwan um einen Gefallen: »Nikolai hat frei, und wir beide haben etwas anderes vor. Würdet ihr die Pferde heute ohne uns, also allein, zur Tränke reiten? Ihr wisst ja, wie es geht.«

»Klar«, sagte ich, und wir nickten beide.

Iwan und Wladimir radelten ins Dorf. Wir aber trabten auf der Dorfstraße entlang Richtung Wiese.

Da sah ich im Augenwinkel einen offenen Armeejeep auf der Chaussee. Der Wagen kam näher und bremste scharf vor den Pferden. Eine ärgerliche Männerstimme rief aus dem Wagen heraus: »*Gdje Iwan, gdje Wladimir?* – Wo ist Iwan, wo ist Wladimir? – Was macht ihr mit unseren Pferden?«

In dem Jeep saßen zwei russische Offiziere.

Ich antwortete so unschuldig, wie ich konnte: »Wir sollen die Pferde zur Tränke führen und dann wieder zurück in den Stall.«

»Und wo sind die beiden?«, rief der russische Offizier wütend.

Hansi und ich wussten, was Iwan und Wladimir vorhatten. Sie wollten eine bestimmte Frau im Dorf *besuchen,* was den russischen Soldaten eigentlich nicht erlaubt war.

Etwas vage deuteten wir mit den Händen in Richtung Dorf, und ich sagte: »Sie sind wohl irgendwo da vorne.«

Der Offizier herrschte mich an: »Ihr bringt jetzt die Pferde sofort in den Stall! SOFORT!« Doch dann brausten sie wieder los in ihrem Jeep.

Es blieb das einzige Mal, dass Hansi und ich allein mit den Pferden zur Tränke ritten – der Vorfall wurde jedoch mit keinem Wort zwischen Iwan, Wladimir und uns beiden Kindern erwähnt.

Kalinka und Krakowiak

Am liebsten ritt ich allein mit Nikolai aus. Wir ritten nebeneinanderher, ich erinnere mich aber nicht, dass wir uns jemals viel unterhalten hätten. Obwohl es nicht schwierig gewesen wäre. Vielleicht waren Nikolais Kriegserlebnisse so frisch, dass er noch nicht den Abstand hatte, sie in Worte zu fassen, und ich habe als Mädchen auch nicht danach gefragt. Ebenso wenig erzählte ich ihm von meiner Familie, von meinem Bruder Konstantin oder meiner Schwester Mimi.

Ich mochte ihn wohl auch deshalb so gern, weil er, im Gegensatz zu Claudine, Christian, Justus, Hansi oder Gretchen, auf dem Darß nicht *zu Hause* war, auch wenn er in diesen Monaten hier wohnte. Er war von seiner Familie getrennt, er war weggeschickt worden und hatte sein Leben der Tatsache unterordnen müssen, dass Krieg war und man eben nicht anders konnte. Nikolai war *allein*.

Erst viel später machte ich mir darüber Gedanken, was Nikolai mit den anderen russischen Soldaten auf ihrem Eroberungsmarsch nach Deutschland erlebt haben musste. Wahrscheinlich war er schon mit siebzehn Jahren zur Armee eingezogen worden. Ich las in einer historischen Untersuchung, dass es kaum eine russische Familie gab, in welcher niemand durch den Krieg zu Tode gekommen war. Hatte er außer Jelena noch andere Geschwister? War ein älterer Bruder vielleicht in einer Schlacht mit der Wehrmacht gefallen? War Nikolai selbst durch das eroberte, zerstörte Berlin gekommen? Hatte er andere Menschen erschossen? Zu welchen Kosaken gehörte er überhaupt? War er als Kosake ein regulärer oder ein besonderer Teil der Roten Armee? Ich weiß es nicht.

Dass wir so schweigsam waren, hatte auch mit der Atempause zu tun, mit der Zwischenzeit, in welcher wir uns nach dem Krieg befanden. Das Leben, das wir – sowohl die Deutschen als auch die Rotarmisten – gekannt hatten, gab es nicht mehr. Und das neue Leben war noch nicht da. Das Vorher war zu Ende und das Nachher noch nicht zu erkennen.

Nikolai und ich – wir erholten uns gemeinsam. Er von dem, was er erlebt, vielleicht erlitten und vielleicht getan hatte. Ich erholte mich von der Angst, von dem Druck des Geheimnisses. Wir beide entdeckten das Gefühl von Freiheit.

Er erzählte mir nur, dass er vom Land komme und dass sie dort einen Ackergaul besessen hätten. So vertraut er mit Pferden umging, kam mir das einleuchtend vor. Doch wo das Pferd stand, an welchem Ort in dem riesigen Sowjetreich, das habe ich entweder vergessen oder nie gewusst.

Ich malte mir aus, wie er als Kind oder Jugendlicher irgendwo in der sowjetischen Einöde gelebt hatte. Sicher musste er seinen schwer schuftenden Eltern auf dem Feld helfen, wahrscheinlich durfte er auch auf dem Ackerpferd reiten. Ich sah ein dunkelbraunes Holzhaus mit grünen Fensterläden und vielen Blumen am Zaun. So etwas hatte ich wohl schon einmal in einem Bilderbuch gesehen. Wahrscheinlich war er in ärmlichen Verhältnissen aufgewachsen, denn auch er äußerte mehrfach: »Ihr seid ja soo reich!«

Doch von Nikolais Schweigen ging keine Schwere aus. Wenn er nichts sagte, dann summte er. Das hatte ich schon oft bei den russischen Soldaten wahrgenommen: Sie summten und sangen leise vor sich hin. Ich fand das vertrauenerweckend und sympathisch, schließlich hatte ich auch selbst immer gerne gesungen.

Nikolai summte eine Melodie, wenn wir auf der Wiese warteten, bis die Pferde zurück kamen. Er sah mich fröhlich an, und es störte ihn nicht, dass ich zuhörte. Irgendwann summte ich mit, und bald sangen wir zusammen. Es waren russische Lieder, die traurig klangen, denn ihre Kadenzen endeten oft in Moll. Wenn ich Nikolai dagegen die deutschen, lustigeren Volkslieder vorsang, kam es mir vor, als verstünden die Deutschen von Traurigkeit nichts. Vielleicht war das der Grund, warum sie so viel Trauer erzeugt hatten. Aber Nikolai summte bald auch die deutschen Volkslieder mit.

Er konnte etwas, das ich damals großartig und furchtbar beeindruckend fand. Krakowiak – eine traditionelle Tanzübung, die er beneidenswert perfekt beherrschte.

Krakowiak ist eigentlich ein polnischer Volkstanz – der Name erinnert ja auch an die polnische Stadt Krakau –, aber damals tanzten ihn auch die Russen.

Er ging in die Hocke, streckte erst ein Bein gerade vorwärts in die Luft, dann im Wechsel das andere, und zwar im Takt der Musik ganz schön schnell. Natürlich hatten wir keine Musik auf der Wiese, doch Nikolai sang, während er die Beine abwechselnd nach vorne streckte, manchmal das Lied *Kalinka*.

Ich versuchte lange, ihm diesen Tanz nachzumachen, doch es klappte einfach nicht. Entweder war ich zu langsam, oder ich verlor das Gleichgewicht. Am Ende fiel ich immer um und lag dann wie ein umgedrehter Käfer im Gras. Es war zum Lachen.

Außerdem vertrieb sich Nikolai – wie viele russische Soldaten – die Zeit mit Schnitzen. Er saß dann auf der Wiese, konzentrierte sich nur auf ein Stückchen Holz, und ich sah ihm zu.

Mit seinem Taschenmesser schnitzte er kleine Figuren. Es gab Russen, die diese Kunst so gut beherrschten, dass sie ihre kleinen Holztiere und -bäumchen farbig anmalten und dann zahlreich an Kinder verschenkten.

Ich war nicht die Einzige, die sich gut mit den Russen verstand. Es gab auch eine ältere Frau in Zingst – es wurde über sie getratscht. Bei ihr fanden sich, wie es hieß, jeden Abend junge Soldaten ein, setzten sich zu ihr an den Küchentisch beim Herdfeuer und machten es sich gemütlich. Sie brachten auch etwas zu essen und zu trinken, und ich bin mir sicher, dass die Zusammenkunft auch für die einsame Gastgeberin gemütlich war.

Das Wunderbare an diesem Sommer war, dass die Menschen zwar ein System verlassen hatten – aber sie passten sich noch keinem *neuen System* an. Für ein paar Monate gab es keine rigorosen politischen Einschränkungen oder Vorschriften, sondern vor allem Menschen, die sich eine Zeit lang von den Schrecken des Krieges erholen und aufatmen wollten.

Vielleicht trug auch die schöne Boddenlandschaft dazu bei, dass sich die Soldaten beruhigten. Man konnte, wie meine Mutter sagte, *die Augen ausstrecken* in dieser Landschaft. Nichts schien den Blick hinter den Wiesen und Feldern aufzuhalten.

Die Soldaten schlenderten im Dorf herum, spielten mit den Kindern oder saßen im Gras und schnitzten. Sie freuten sich, wenn jemand sie auf Russisch ansprach. Manchmal fragten sie auch nach einem deutschen Wort.

Für die Erwachsenen bedeutete der Russensommer vor allem Trockenheit, und sie sprachen besorgt von der Ernte.

Wir Kinder jedoch konnten das Wetter nur genießen. Wir lagen auf den Wiesen oder sammelten Brombeeren, Himbeeren oder Blaubeeren, die üppig am Waldrand wuchsen. Nie wieder in meiner Erinnerung hatten Beeren einen so intensiven, frischen Geschmack wie damals in Müggenburg.

Junge gutt

Für mich – das kleine Mädchen – war der Russensommer fast immer nur herrlich. Aber für alle auf dem Hof stimmte das natürlich nicht, es konnte ja auch nicht stimmen.

Die Unberechenbarkeit, die ich als so ungewohnt und aufmunternd empfand, war für Friedel und Maria nicht immer nur angenehm. Die erste Zeit der russischen Besatzung war für sie manchmal wie ein Tanz auf dünnem Eis. Nicht immer war klar, was die Russen, die Besatzer, eigentlich *durften* und was nicht. Sie durften unsere Nähmaschine einfordern. Aber durften sie sich die Nähmaschine auch einfach *nehmen?* Durften sie zum Beispiel in unsere Gärten kommen und sich beim Gemüse bedienen?

Marias Gemüsegarten war in diesem Sommer eine besondere Pracht. Die Tomaten leuchteten rot, es gab Gurken, massenweise Zucchini, Bohnen, allerlei Küchenkräuter und sogar kleine, süße Erdbeeren.

Eines Morgens entdeckte Maria von ihrem Küchenfenster aus zwei junge Soldaten, die rücksichtslos kreuz und quer durch ihr Gemüsebeet trampelten. Sie rissen die Tomaten und Gurken ab und steckten sie ein, ohne sich um den Rest der Pflanzen zu kümmern.

Mit wütenden Blicken und gestikulierend stürzte Maria hinaus. Auch ihr hatte der Russischunterricht so weit geholfen, dass sie die beiden auf Russisch anblaffen konnte. »Wenn ihr etwas haben wollt«, rief sie sehr ungehalten, »dann kommt gefälligst zu mir in die Küche! Dann gebe ich es euch. Aber mein schöner Gemüsegarten wird nicht zertrampelt!«

Ich stand gerade in der Küche und wusch gelbe Bohnen.

Die beiden Soldaten sahen aus, als fühlten sie sich ertappt. Offenbar hatten sie nicht mit Marias Temperament gerechnet. Wie zwei begossene Pudel standen sie in dem Beet und wagten nicht, sich zu rühren.

»Na, kommt jetzt!«, sagte Maria ein wenig freundlicher.

Kleinlaut trotteten sie hinter ihr her und setzten sich auf die Küchenbank. Sie füllte reichlich Gemüse in einen Korb. Wie schuldbewusste Kinder leerten die beiden Soldaten ihre ausgebeulten Taschen und legten ihre Beute ebenfalls in den Korb.

Maria gab ihnen sogar Erdbeeren, was ich ziemlich übertrieben fand, denn so viele hatten wir davon auch wieder nicht. Doch diese Großzügigkeit war Teil ihrer Strategie.

Als die Soldaten gegangen waren, lachte Maria laut auf und meinte: »Die kommen bestimmt nicht wieder!«

Die meiste Zeit über fühlte ich mich gelöst. Ich vertraute Nikolai und deshalb prinzipiell auch den meisten Russen. Doch es gab immer wieder Situationen, in denen die unterschwellige Unsicherheit, ob dieses Vertrauen eigentlich berechtigt war, plötzlich an die Oberfläche gelangte.

An einem strahlenden Sommertag im Juli 1945 bekamen wir überraschenden Besuch von einigen freundlichen russischen Militärs.

Sie liefen über den Hof in Marias üppig blühenden Blumengarten, wo wir alle saßen. Man begrüßte sich sehr herzlich und machte Konversation. Die Situation hätte kaum friedlicher sein können.

Doch mit einem Mal sprang einer der russischen Offiziere auf, schnappte sich den kleinen Christian, nahm ihn auf seine Arme und hielt ihn über die große, runde Betonregentonne. Der Mann lachte und tat so, als ob er Christian gleich ins Wasser plumpsen lassen wollte.

Wir wussten wohl, dass es Spaß war, nur der fünfjährige Christian wusste es nicht. Er zappelte wie wild, konnte sich aber nicht befreien. Auf einmal holte er aus und verpasste dem Offizier mit all seiner Kinderkraft eine saftige Ohrfeige.

Einen Moment lang erstarrten wir Zuschauer und hielten die Luft an. Es waren nur Bruchteile von Sekunden, aber in dieser kurzen Zeit zeigte sich, wie schnell das Vertrauen wieder aufbrechen konnte und welche Gewalt dahinter für alle denkbar war.

Der russische Offizier setzte Christian behutsam auf den Rasen, strich ihm über den Kopf, lachte herzlich und sagte schließlich: »Junge gutt!«

Es war offenbar ein Lob für einen Jungen, der bereit war, sich zu wehren.

Die anderen Russen lachten jetzt mit, und wir atmeten auf. Jedem Soldaten wurde noch ein Glas Milch angeboten, und nach einer kleinen Weile verabschiedete man sich freundschaftlich. Zum Abschied klopfte der Offizier dem kleinen Christian kumpelhaft auf die kleine Schulter.

Ein anderer Vorfall war alles andere als harmlos: An einem frühen Nachmittag hielt sich Maria im Gartenzimmer auf, und ohne Vorwarnung stürmte ein Soldat herein, der sie am Unterarm festhielt. Ihr war sofort klar, dass der Soldat sie vergewaltigen wollte, also schrie sie laut um Hilfe.

Friedel, der im Nebenzimmer an seinem Schreibtisch gearbeitet hatte, stürzte ins Gartenzimmer und stellte sich vor seine Frau. Das machte den Russen nur noch wütender. Er fuchtelte mit seiner Pistole herum und drohte, Friedel sofort zu erschießen, wenn er Maria nicht freigebe.

Friedel wich nicht von der Stelle. Dass ein Mensch durch einen unbedachten, aus plötzlicher Wut heraus abgegebenen Schuss getötet wurde, war damals nicht so weit außerhalb des Möglichen. Die Situation hätte sehr schnell eskalieren können. Es fehlte nicht viel, und der russische Soldat hätte abgedrückt.

Doch genau in diesem Moment kam der vierzehnjährige Justus ins Gartenzimmer und blickte Maria, Friedel und den Soldaten erschrocken an.

Die Anwesenheit des Jungen änderte etwas an der Situation, vielleicht eröffnete sie dem Soldaten eine unerwartete Perspektive, vielleicht genügte die kleine Störung auch, in ihm Zweifel darüber zu wecken, was er hier eigentlich tat.

Er schäumte immer noch vor Wut, brüllte, steckte aber seine Waffe ein und zog blitzschnell eine Peitsche aus seinem Gürtel. Damit verpasste er Tante Maria einen kräftigen Hieb ins Gesicht. Dann verschwand er fluchend.

Dass ein Soldat einfach so ins Haus marschieren und sie bedrohen konnte, war für Friedel und Maria zu viel. Sie fuhren daraufhin in der alten Kutsche – ein betagter, ungepflegter Klepper war davorgespannt – auf die russische Kommandantur nach Zingst und beschwerten sich. Ich weiß nicht, ob sie wirklich damit gerechnet hatten – doch der Übeltäter wurde kurz darauf gefunden und hart bestraft. Möglicherweise hatte es etwas mit der guten Bekanntschaft von Friedel zu dem Kommandanten zu tun.

Doch was im Krieg galt, das galt auch nach Kriegsende: Die Situation in den Dörfern hing stark von der Strenge und Willenskraft des Kommandanten ab. Er konnte die Dinge dulden und seinen Untergebenen mehr *Freiheiten* lassen, er konnte aber auch hart durchgreifen.

Ich bin bei meinen Recherchen auf die Erlebnisse von Harald Holtz gestoßen, einem Altersgenossen, der die Befreiung durch die Rote Armee als elfjähriger Junge ähnlich erlebt haben muss wie ich. Und nach seiner Schilderung war er ebenfalls auf dem Darß.

In einer kleinen Erinnerungsschrift schreibt er: »Mein erster Kontakt mit der regulären Sowjetarmee bestand darin, dass ich plötzlich – mitten auf dem Dorfplatz spielend – die Hand von einem mit einer Lederjacke bekleideten Sowjetsoldaten auf meinem Kopf fühlte, der kein Wort sprach, aber dafür sehr freundlich lächelte.« Seiner Mutter gefiel das nicht, so erzählt er, denn sie habe sehr lautstark ans Fenster ihres Hauses geklopft und ihm bedeutet, sofort nach Hause zu kommen. Seine Mutter fürchtete, der Russe könne dem kleinen Jungen etwas antun.

Doch dann schildert er Erlebnisse, die sich mit meinen decken: Die Soldaten waren besonders freundlich zu den Kindern. Und: Wenn er und andere Kinder Zeuge von Plünderungen durch russische Soldaten wurden, dann haben sie es dem Kommandanten gesagt. Daraufhin wurde den Plünderern »Einhalt geboten«, wie er schreibt, und das bedeutete nichts anderes, als dass sie harte Strafen zu erwarten hatten – »ab und zu auch mit der Reitpeitsche«. Es muss derselbe, mit Friedel bekannte Kommandant gewesen sein, der auch den Vergewaltigungsversuch an Tante Maria bestrafte.

Harald Holtz hatte als Junge, ebenso wie ich, keine Angst vor den Russen. Auch er wurde durch diesen Sommer ein Leben lang geprägt. Nur hat die Begegnung mit dem Neuen uns in unterschiedliche Richtungen geführt: Er wurde überzeugter Kommunist. Und ich, das Antinazikind, erlebte zum ersten Mal Freiheit und Ungebundenheit und wurde eine überzeugte Liberale.

Flöhe knacken

Ich kletterte jeden Morgen auf den großen Stein in der Hofeinfahrt und sprang auf Ljubas Rücken. Dann ritt ich neben Nikolai oder Iwan im Galopp über die Wiesen zur Tränke.

Das machte ich so lange, bis mir der Po wehtat. Zuerst dachte ich: Das geht schon wieder weg. Da musst du halt durch. Aber leider stimmte das nicht. Mein Po wurde immer empfindlicher, die Schmerzen wurden immer heftiger, und bald war jede Berührung mit Ljubas Kruppe kaum auszuhalten.

»Du hast dich durchgeritten«, meinte Maria sachlich, als ich sie schließlich einweihte.

»Und jetzt? Was heißt das? Was mache ich jetzt?«, fragte ich erschrocken.

»Da musst du wohl eine Pause einlegen, bis alles verheilt ist.«

Zwar half mir Babypuder ein wenig, doch meinen russischen Freunden sagte ich nichts, sondern redete mich heraus und entschuldigte mich. Niemals hätte ich mich Iwan, dem Tierarzt, anvertraut – es war einfach zu peinlich.

Nun konnte ich nicht mehr reiten, und es dauerte nicht lange, bis ich die hässlichen Seiten dieses Sommers wieder deutlicher sah: die Flöhe, das Ungeziefer und die Krankheiten.

Flohbisse sind rot, hässlich und jucken. Sie waren damals eine regelrechte Plage.

Nicht aus Langeweile, sondern gezwungenermaßen brachte ich es zur Meisterschaft in einer sehr überflüssigen Kunst: dem Flöheknacken.

Ich glaube, ich könnte es heute noch. Man muss den Floh mit einem etwas angefeuchteten Zeigefinger (Spucke!) treffen, ihn fest an die Fingerkuppe drücken und etwas hin- und herschieben (schnell!). Man zwirbelt ihn zwischen Daumen und Zeigefinger, bis er sich nicht mehr bewegt, und dann kann man ihn mit beiden Daumennägeln *knacken* – erledigt! Wenn es klappt, ist der ganze Vorgang eine Sache von Sekunden.

Doch es gab nicht nur Flöhe, sondern auch Beulenkrätze, Typhus, Kopfläuse und Furunkulose.

Beulenkrätze ging glücklicherweise an mir vorbei, und gegen Typhus wurde ich geimpft. Unser Typhusarzt war nicht besonders beliebt, weil er immer mit besonders dicken Nadeln anrückte, mit denen er leichter hantieren konnte, welche die Impfung aber auch besonders schmerzhaft machten. Wir nannten ihn den *Eierdoktor*, weil seine Leistungen, auch die Impfungen, stets in Naturalien, nämlich mit Eiern, bezahlt wurden.

Kopfläuse und Furunkulose blieben mir jedoch leider nicht erspart.

Maria bekämpfte Läuse mit einem ekelhaft stinkenden Schwefelpuder, dann verschwanden sie meistens nach wenigen Tagen.

Bei der Furunkulose bekam ich abscheuliche Pusteln, zuerst auf Armen und Beinen, dann auch auf Körper und Hals. Diese hässlichen Pusteln begannen auch noch zu eitern und brannten höllisch. Gegen die Pusteln half weder Babypuder noch das Schwefelzeug.

Es war Iwan, der Veterinär, der mich von diesen Pusteln befreite. Maria hatte ihm wohl Bescheid gesagt, dass *Marusja* krank sei, denn er kam mit Salben und einem gelben Puder und verarztete mich täglich.

Er war sehr vorsichtig, tat mir kaum weh, und ich war froh, dass er kam. Wenn er die Salbe auftrug, dachte ich seltsamerweise an die Steppenpferde und wie gut auch sie es bei Iwan hatten. Sie wurden immer ordentlich gestriegelt, bis ihr Fell glänzte. Ich musste zwar nicht gestriegelt und gebürstet werden, aber auch gut gepflegt mit Salbe und Puder.

Als es vorbei war, sagte Iwan lächelnd: »*Wsjo choroscho*« — alles wieder gut.

Ich sagte: »Danke« – »*spasibo*«. Meine Haut war bald wieder glatt und ich wieder obenauf.

Die neue, ungewohnte Regellosigkeit machte Dinge möglich, die kurz zuvor noch undenkbar gewesen waren.

So stürmte es an einem warmen Sommertag ungewöhnlich heftig. Es rauschte in den Blättern der Bäume, und ich stellte mir vor, wie herrlich es sein müsste, bei diesem Sturm in der Ostsee zu schwimmen.

Friedel hätte mir vor Kriegsende noch nicht mal erlaubt, allein durch den Darßer *Urwald* zum Strand zu gehen. Aber schwimmen bei wildem Sturm? Undenkbar. Ich fragte auch nicht, sondern ging einfach los.

Die Bäume bogen sich im Wind, und die Sträucher raschelten. Hinter den Dünen war es sogar noch lauter. Die See trieb hohe Wellen an den Strand, und der Sturm pfiff jetzt erst so richtig. Außer mir war weit und breit kein Mensch zu sehen.

Die Wellen sahen wirklich hoch aus, aber gerade das reizte mich. Ich war fest entschlossen, sogar bei diesem Sturm zu schwimmen. Der Sommer hatte irgendetwas in mir freigesetzt – eine Steigerung oder eine Intensität. Ich war übermütig und in Hochstimmung. Ich dachte an meinen Vater. Er hatte mir doch beigebracht, dass das Salzwasser mich trug!

Mit einem Freudenschrei stürzte ich mich in die Brandung, allerdings war an Schwimmen überhaupt nicht zu denken. Ich sprang hoch in die Gischt und ließ mich herunter auf den sandigen Boden gleiten. Es war wunderbar, bis ich plötzlich keinen Grund mehr unter den Füßen hatte und Angst bekam.

Rückwärts laufend, arbeitete ich mich mühsam auf den Strand zu und traf immer wieder auf Stellen, an denen ich nicht stehen konnte. Als ich dem Wasser endlich entkommen war, warf ich mich zitternd in den warmen Sand. Dann rubbelte ich mich ab und machte mich schleunigst auf den Heimweg.

Niemand bemerkte, dass ich aus dem Wald kam, und ich hielt es für besser, auch niemandem davon zu erzählen.

Die Spannung war noch nicht ganz aus mir gewichen, als ich mich zu Claudine und Christian auf die Koppel setzte. Ich war erschöpft und noch immer ein wenig außer Atem.

Plötzlich sprang Claudine hoch und rief: »Eine Kreuzotter! Eine Kreuzotter!« Sie zeigte mit dem Finger an eine Stelle im Gras.

Ich weiß nicht, was in mich fuhr, vielleicht war mir das stürmische Ostseebad noch immer nicht Abenteuer genug. Jedenfalls griff ich mir schnell einen Ast mit einer *Gabel* am Ende. Ich hatte gehört, dass man Schlangen auf diese Weise festhalten konnte. Doch der Ast war zu trocken und zerbrach beim ersten Kontakt mit dem Boden. Die Schlange wollte sich schon gemütlich davonschlängeln.

Ich hob einen dicken Prügel auf, lief der Schlange hinterher und drosch damit auf das Tier ein. Die Schlange ringelte sich, und ich drosch und drosch wie besessen, bis sie in zwei Teilen vor mir lag, die sich noch immer bewegten. In Panik drosch ich weiter, bis sich nichts mehr bewegte.

Dann setzte ich mich auf die Wiese und begann zu weinen. Als wir nach Hause gingen, fand Christian, dass ich eine Heldentat begangen hatte, doch ich war nicht stolz auf mich. Mir war im Gegenteil ziemlich *kodderig*.

Zu seiner Mutter sagte Christian: »Die Marusja hat einen Otzkrotter tot gemacht!«

Gold, Doktor!

Die wunderbare Freiheit, das beglückende Gefühl der Unabhängigkeit, tun und lassen zu können, was mir in den Sinn kam, hatte eine dunkle Schwester. Sie hieß *Einsamkeit*. Wenn sie von mir Besitz ergriff, dann war die Fröhlichkeit verschwunden, und weder die Pferde noch der sommerliche Strand konnten mir weiterhelfen.

Heute weiß ich, dass mir diese dunkle Schwester in meinem Leben immer einmal wieder begegnen würde, und ich habe es akzeptiert. Ich weiß, dass der Schatten, wenn er einmal da ist, sich irgendwann auch wieder auflöst und glücklicheren Gefühlen Platz macht.

Aber damals war ich noch zu jung für diese Einsicht. Damals schien mir die Dunkelheit, wenn sie kam, endlos zu sein.

Obwohl ich jeden Tag schwimmen konnte, obwohl ich nicht wirklich allein war, stellte ich fest, dass niemand da war, der mich umarmte, streichelte und lieb hatte. Ich sah Christian an und dachte: *Der* hat es gut. *Der* hat seine Mutter, die ihn in den Arm nimmt, und seinen Vater, der ihn hochhebt, auf die Schulter setzt und hin und her durch die Luft wirbelt. Claudine hatte ihre Mutter, Tante Hilde ihre Kinder.

Ich hatte niemanden. Ich vermisste die Zärtlichkeit meiner Mutter, die liebevollen Umarmungen oder Püffe meiner großen Geschwister und die herzliche Vertrautheit und die liebevolle Sanftheit und Zärtlichkeit meines Vaters.

An einem der seltenen Regentage, an denen es nur so schüttete und niemand etwas von mir wissen wollte, kam mir in meiner Verzweiflung eine Idee. Ich ging, so wie ich war, nach draußen und stellte mich unter eine Ecke des Stalls, wo das Dach steil war und keine Traufe hatte. Dort kam der Regen nicht in Tropfen, sondern sozusagen in Tüchern herunter. Als ich von Kopf bis Fuß vollkommen durchnässt war und mir vorstellte, welch mitleiderregenden Anblick ich bieten müsste, ging ich tropfend ins Haus. – Tante Maria und Onkel Friedel saßen im Wohnzimmer und tranken Tee. Onkel Friedel blickte auf, sah mich entsetzt an: »Wie siehst *du* denn aus!« – und trank seinen Tee weiter. Im Gegensatz zu *Daddy* war er nicht zärtlich.

Tante Maria stand sofort auf, ging mit mir ins Badezimmer und gab mir ein Handtuch. »Jetzt trocknest du dich erst mal gut ab, vor allem deine klitschnassen Haare. Dann ziehst du dir trockene Sachen an, sonst erkältest du dich noch.« – Damit verschwand sie wieder im Wohnzimmer. Ich hatte sehr gehofft, dass sie mich abrubbeln und berühren würde. Nein – die ganze Aktion war ein Reinfall, ein buchstäblicher Schlag ins Wasser.

Für Situationen, in denen ich mich verlassen fühlte, hatte ich einen Ort gefunden, der mich einigermaßen beruhigte. Ich ging zu Omama ins alte Haus, in ihr Zimmer. Ich habe dieses Zimmer als ziemlich dunkel in Erinnerung: Es war voll mit dunklen Möbeln, hatte eine dunkle Tapete und sogar eine dunkle Tischdecke.

Omama saß immer an diesem Tisch, in ihrem Lehnstuhl

am Fenster. Ich meine, sie saß fast *im* Fenster und konnte von da aus die Straße bis zur Chaussee-Kreuzung überblicken. Sie war gekleidet wie eine ganz alte Frau: knöchellange schwarze Röcke, schwarze Strümpfe und schwarze Schuhe, auch ihre Blusen hatten etwas Dunkles, darüber trug sie stets eine schwarze Jacke.

Das einzig Lebhafte und Hübsche an ihrem »Outfit« war eine große, ovale Brosche aus einem schwarzen Stein, in welche kleine, hellere Steinchen und Perlen eingearbeitet waren. Selbstverständlich hatte sie eine Brille auf der Nase. Ihre grauen Haare trug sie in der Mitte streng gescheitelt und am Hinterkopf zu einem kleinen Knoten gesteckt. Man nannte diese Frisur damals Poposcheitel.

Ich kam natürlich nicht weinend zu ihr angelaufen, und Omama hat mich auch nicht mit bestimmten Worten oder Gesten getröstet. Ich erinnere mich nicht an »du Arme« oder Ähnliches, vielmehr war sie liebevoll-sachlich, wenn man das so nennen kann.

»Du besuchst mich?«, sagte sie nur, »das ist aber schön. Da freue ich mich. Dann komm mal, und setz dich her.«

Ich setzte mich auf ihren Schaukelstuhl, das Lieblingsmöbel aller Enkel, und bat sie um ihre Fotoalben. Ich konnte diese alten Fotos stundenlang ansehen, sie faszinierten mich. Die meisten waren braunstichig, was ihren Reiz erhöhte. – Omama war darauf als Kind mit ihren Geschwistern abgebildet und als junge Frau mit ihren Kindern. Ihre kleinen Söhne trugen rührende Matrosenanzüge, Tante Hilde ein Rüschenkleidchen mit einem Strohhütchen auf dem Kopf. Ich blätterte durch unzählige Familienmitglieder aus grauer Vorzeit, die ich nicht einordnen konnte, an unzähligen, mir unbekannten Orten.

Geduldig beantwortete Omama alle meine Fragen. *Wer ist das? Wo sind sie da? Wer steht daneben?*

Ich kann mir meine Faszination nur so erklären, dass ich solche dicken Alben nicht kannte – in Berlin hatten wir nichts dergleichen. Außerdem liebte ich die Ruhe, die von diesem Zimmer und der alten Frau ausging.

Wenn ich lange genug bei Omama gesessen hatte, dann sagte sie meistens: »Nun geh mal wieder spielen, Kind.« – Ich hatte sie sehr gerne, und ich mochte es nicht, wenn andere sich über sie lustig machten. Sie war mein Refugium, wenn ich traurig war.

Omama kam jetzt öfter zu uns, ins neue Haus, zum Mittagessen. Sie war eine sehr gebildete Dame, und manchmal sprach sie beim Mittagstisch über Goethe und Schiller. Ich erinnere mich noch genau, wie sie eines Mittags ausrief: »Ich ziehe Schiller vor, wegen seiner moralischen Überlegenheit.« Ich habe den Satz bis heute behalten, aber ich bin mir noch immer nicht sicher, ob ich ihn wirklich verstehe.

Es ist eigenartig, was in meinem Gedächtnis haften geblieben ist und was nicht. Omamas Dichtergespräche, oder eher Selbstgespräche, habe ich noch gut in Erinnerung. Doch was an diesen Mittagen auf die Teller kam, das weiß ich überhaupt nicht mehr.

Dass uns die Flöhe selbst beim Mittagessen plagten, ist mir immer noch gegenwärtig, wer aber außer ihnen sonst noch mit am Tisch saß – das ist mir völlig entfallen. Ich habe mir nur das Merkwürdige, Seltsame gemerkt: Es gab einen bärtigen, nicht mehr jungen Mann mit einem wilden, grauen Haarschopf, den wir Kinder heimlich »Fürchtegott« getauft hatten. Er sah aus wie Rübezahl aus dem Märchenbuch, und die Art und Weise, wie er seine Suppe zu sich nahm, war beeindruckend. Zuerst fixierte er seinen Teller, nahm dann den Löffel langsam in die Hand und führte ihn zum Teller. Als Nächstes schnellten Kopf und geöffneter Mund ruckartig nach unten und – schnapp! verschwand die Suppe in seiner Mundhöhle. Warum merkt man sich solchen Blödsinn? Wer dieser Mann war, woher er kam, was er erlebt hatte und was er bei uns tat? – Ich habe keine Ahnung mehr.

Fürchtegott ist nicht die einzige seltsame und gleichzeitig überflüssige Erinnerung.

Am anderen Ende von Müggenburg lebte eine mittelalte Frau, die von uns Kindern mehr oder weniger heimlich verspottet wurde. Die Frau war sehr schwerhörig und führte deshalb immer ein riesiges Hörrohr aus goldgelbem Metall mit sich. Es sah fast aus wie eine Trompete – nur kamen keine Töne aus ihm heraus, sondern man musste hineintröten, damit Frau Kranz einen verstand.

Immer wenn wir die Frau mit ihrer Trompete sahen, mussten wir unweigerlich kichern und schämten uns gleichzeitig.

»Wie ungezogen!«, ermahnte uns Tante Maria, »was kann denn die Frau dafür? Hört auf damit! Über so etwas macht man sich nicht lustig.« Tante Maria hatte natürlich recht, und das wussten wir auch ganz genau. Und doch sah die Hörrohrtrompete so komisch aus!

Eine andere komische Sache hatte uns unser Zahnarzt berichtet, den wir gut kannten. Ihn brachte sie allerdings fast zur Verzweiflung.

»Grässlich! Ein Frevel!«, sagte er und rang jedes Mal mit den Händen, wenn er davon erzählte.

Es kamen immer wieder russische Soldaten zu ihm. Obwohl sie selbst nichts von Zahnmedizin verstanden, hatten sie klare Vorstellungen davon, was er mit ihren Zähnen anstellen sollte – in seinem Behandlungszimmer riefen sie immer wieder: »Gold, Doktor! Gold, Doktor!« Sie wollten, dass er ihnen ihre eigenen Zähne abschliff und ihnen Goldkronen überziehen sollte. Das Gold brachten sie selbst mit, sie hatten es wahrscheinlich im Krieg erbeutet. Dabei hatten sie so gute Zähne wie wenige der deutschen Patienten.

»Machen Sie doch nicht Ihre schönen, heilen Zähne kaputt! Mit Ihren Zähnen ist alles in Ordnung!«, beschwor der Arzt die Soldaten.

Doch es gelang ihm nicht, sie zu überzeugen.

»Gold, Doktor, Gold!«, wiederholten sie immer lauter und wedelten mit dem mitgebrachten Gold.

Es blieb dem Zahnarzt also nichts anderes übrig, als den Soldaten die gesunden Zähne in kleine, spitze Zähnchen zurechtzuschleifen und sie mit Goldkronen zu überziehen.

Es sah übrigens scheußlich aus.

Ganter tot

Die kleine Stadt Barth vor dem Darß, deren schlanken Kirchturm wir von dem Kirr aus sehen konnten, hatte in den Dreißigerjahren eine Einwohnerzahl von rund fünfzehntausend. Nach Kriegsende verdoppelte sich diese Zahl fast auf über sechsundzwanzigtausend. Durch den Zuzug von Flüchtlingen war Barth geradezu angeschwollen. Über Nacht konnte die Stadt damit nicht fertig werden – nicht wenige Menschen litten Hunger.

Menschen aus Barth kamen in dieser Zeit zum *Stoppeln* auf den Darß, das heißt: Sie durften die abgeernteten Felder nach Resten absuchen, diese auflesen und mitnehmen. Nicht wenige sahen sich gezwungen, bei den Landwirten um Lebensmittel zu betteln. Für die Flüchtlinge hatte dies etwas Demütigendes, und einige konnten sich glücklich schätzen, dass die alten Lebensmittelkarten noch ihre Gültigkeit behalten hatten – für ihre Grundversorgung war das ein Segen.

Ein sarkastischer Spruch machte damals die Runde:

Wer Leben und Gesundheit liebt – der schiebt,
wem Ehrlichkeit im Blute rauscht – der tauscht,
wem beide Wege sind verbaut – der klaut,
wer durch dies alles nichts erwirbt – der stirbt.

Im Sommer 1945 begann die große Zeit der Tauschgeschäfte. Überall in Deutschland fuhren die Städter aufs Land und boten *Ware* zum Tausch an.

Bauern, die noch Kühe, Schweine, Hühner und Korn besaßen, befanden sich, vor der Einführung der Kolchose, auf der Sonnenseite, denn sie verfügten über Milch, Eier, Fleisch und Brot.

Die Flüchtlinge und Städter mussten sich bei diesen Bauern anstellen und brachten Bettzeug, Wollsachen, Teppiche, Schmuck und andere Tauschobjekte mit, für die sie sich Lebensmittel erhofften. Der Umtauschkurs war jedoch bitter – das Überangebot solcher Tauschobjekte machte viele Bauern hartherzig und hochmütig gegenüber *den Bettlern*.

Nur wer Bohnenkaffee oder echten Tabak zum Tausch anbot, bekam immer etwas zurück, denn beides gab es viel zu wenig.

In Zingst setzte ein wahres Nähwunder ein. Wer für die Russen nähte, bügelte oder wusch, der wurde mit Lebensmitteln bezahlt. So hatte sich ein russischer Soldat eine Badehose aus einem schwarzen Seidenkleid maßschneidern lassen und die Näherin fürstlich belohnt. Auch wer eine Arbeit als Küchenhilfe gefunden hatte, war gut dran.

Die Unterbringung der zahlreichen – und wenig willkommenen – Flüchtlinge, wurde in Ost und West rigoros gelöst, wahrscheinlich hätte es auch kaum anders gelingen können. Diejenigen, die nach Zingst kamen, wurden rasch in Wohnungen eingewiesen. Niemand hatte Anspruch auf mehr als sechs Quadratmeter pro Person. Dabei rechnete man sogar die zugigen Speicher und Dachschrägen mit.

Hunderte Meter Brennholz wurden ganz offiziell in den Wäldern geschlagen und verteilt, denn Brennmaterial war elend knapp, und der nächste Winter kam bestimmt.

Wir auf dem Bauernhof hatten dagegen genug zu essen. Friedel hatte seine Feldfrüchte noch im selben Jahr auf weniger exquisite und dafür mehr sättigende, ertragreichere Gemüse umgestellt.

Ich nahm das Elend der Flüchtlinge auf dem Festland als eine Gegebenheit wahr, die mich weniger stark beschäftigte und bekümmerte als das Elend der Kriegsgefangenen zuvor. Schließlich, so dachte ich, waren die Nazis ja nun besiegt.

Als ich einmal am Müggenburger Strand in meinem grauen Badeanzug voraus ins Wasser lief, konnte ich deutlich die Stimme einer Frau hören: »Seht euch die an – die weiß nicht, was Hunger ist!«

Sie konnte nur mich meinen, und anstatt mich über den Kommentar zu freuen oder sie – die den Hunger wahrscheinlich kannte – zu bemitleiden, schoss mir etwas ganz anderes durch den Kopf: Ich war also dick! Anstatt Hunger zu leiden wie alle anderen. Ich schämte mich, weil ich *nicht* hungrig war.

Der Hunger der anderen betraf mich in diesen Monaten nicht. Und so interessierte ich mich viel eher für eine sensationelle Kunde, die plötzlich auftauchte: In Prerow, dem Nachbardorf von Zingst, hieß es, solle es Eis geben. Eis? Das kannte ich nicht!

Maria versprach, uns am nächsten Nachmittag hinzufahren. »Aber vorher müsst ihr viele Brombeeren pflücken«, sagte sie, »die bringen wir mit, dann können sie Brombeereis daraus machen, das habe ich zugesagt.«

Ich pflückte eifrig eine Schüssel voller Brombeeren und gab sie Tante Maria. »Das gibt ganz viel Eis!«, versprach Maria, »davon könnt ihr essen, bis ihr umfallt.«

So fuhr ein kleines Grüppchen voller aufgeregter Erwartung nach Prerow: Vorne auf dem Trecker saß Justus, hinten auf dem Anhänger mit Gummireifen saß Tante Maria mit uns Kindern: Claudine, Justus, Christian, Hansi und Gretchen Maurer.

Wir hielten vor einem Haus, das als Café Konditorei bezeichnet wurde, und warteten.

Nach einer Weile kam das Eis tatsächlich. Zu meiner Enttäuschung waren es aber recht kleine Portionen. Von *umfallen* konnte keine Rede sein.

Ein besonderer *Engpass*, der auch uns betraf, waren die Schuhe. *Engpass* bedeutete im Klartext: Es gab so gut wie keine. Die Großen liefen die Sohlen ihrer Schuhe durch, bis mehr Löcher als Sohle da waren. Ein Schuster in Zingst besohlte die durchgelaufenen Lappen notdürftig mit zurechtgeschnittenen Gummireifen.

Die Dorfkinder liefen meist barfuß, doch meine empfindlichen Stadtfüße konnten sich daran leider nie gewöhnen, sosehr ich es auch immer wieder versuchte. Der piksige Schotter tat höllisch weh, ich versuchte, auf Zehenspitzen zu gehen und balancierte mühsam von einem Bein auf das andere, es half aber nichts. Dann lief ich schon lieber in *Klompen* herum.

Das waren Holzschuhe, die nach Holländerart aus einem ganzen Stück Holz gefertigt wurden. Sie machten zwar Druckstellen an den Fersen und oben am Fuß, aber die ließen sich leicht mit kleinen Stücken von Stoff oder Papier lindern.

Der Rentner und ehemalige Schiffszimmermann Müller machte aus dieser Notlage ein Geschäft: Er schnitzte Schuhe aus Pappelholz und versah sie mit einem Oberteil aus Leder oder festem Stoff. Sie wurden ihm aus den Händen gerissen.

Ein anderes Modell, demgegenüber geradezu elegant, waren etwas später die *Klappersandalen.*

Sie machten ihrem Namen alle Ehre: Die Unterseite bestand aus drei Teilen Holz, die mit darauf genageltem Leder zusammengehalten wurden, damit der Fuß einigermaßen abrollen konnte.

Ich weiß noch, dass meine Klappersandalen auf der Oberseite breite, rote Riemchen hatten. Ich liebte diese Klappersandalen, weil man mit ihnen auf festem Boden so wunderbar klappern konnte. Zum Reiten taugten sie allerdings nicht, ich glaube, da zog ich ein paar alte Gummistiefel von Tante Maria an.

Claudine erinnert sich, dass wir auch geflochtene Strohschuhe trugen, die leicht waren und keine Druckstellen verursachten.

Im Leben und Denken einer Zehnjährigen nehmen Dinge einen großen Platz ein, die den Erwachsenen kaum auffallen und für Erwachsene auch nicht wichtig sind. Ich dachte damals natürlich nicht über große politische Zusammenhänge nach, sondern war mit meinem kleinen Kinderalltag beschäftigt, und deshalb sind mir vor allem Dinge aus diesem Kinderalltag in Erinnerung geblieben. So war es mit dem Truthahn, der als Hindernis vor jedem Schulweg stand.

Und so war es auch mit den Gänsen, die einem aus vielen Gärten entgegenspringen konnten. Mit ihren Schnäbeln stießen sie ein gefährliches Zischen aus und versuchten, mich zu zwicken. Sie waren schnell und ihre Schnäbel scharf!

Hansi Maurer gab mir daraufhin den Rat: »Du musst der Gans entgegenlaufen, sie mit deiner Hand fest um ihren Hals packen und herumschleudern. Dann kommt sie dir nie mehr hinterher.«

Als bei der nächsten Gelegenheit Marias Gänseherde zischend auf mich losging, beschloss ich mit klopfendem Herzen, Hansis Rat auszuprobieren.

Ich nahm all meinen Mut zusammen, griff einem großen Ganter fest um den Hals und schleuderte ihn ein paarmal hin und her. Es funktionierte: Das Tier ließ nicht nur von mir ab, sondern fiel gleich um und lag da wie tot. Ich erschrak fürchterlich, lief einfach weg und traute mich nicht, es irgendjemandem zu sagen.

Zwei Stunden lang schlich ich auf der Sandstraße herum, wagte nicht, nach dem Ganter zu schauen oder nach Hause zu gehen, und litt unter einem pechschwarzen Gewissen.

Dann konnte ich es einfach nicht mehr aushalten und vertraute mich Claudine an. Zu zweit fassten wir uns ein Herz und gingen zurück an den Tatort. Aber weit und breit war kein Ganter zu sehen!

Die Gänse hatten sich einfach aufgemacht und waren anderswohin gewatschelt. Der Ganter war also nicht tot, sondern nur ohnmächtig gewesen. Ich war unendlich erleichtert und sehr froh, dass ich Tante Maria nun keinen Gantermord beichten musste. Hansis Gänsetrick habe ich trotzdem nicht noch mal angewendet.

Schließlich zeigte sich, dass sich aus einem Relikt der Nazizeit doch noch etwas Nützliches machen ließ: Es hatte im alten Haus eine sehr große Hakenkreuzfahne gegeben, ich weiß nicht, woher sie kam oder warum sie überhaupt dort war. Aber sie ließ sich auf verschiedene Weise verwenden, und der große Stoff war zu wertvoll, um ihn einfach zu entsorgen.

Im letzten Kriegsjahr diente sie als Abtrennung zwischen Justus' *Labor* und der Toilette. Als der Krieg dann zu Ende war, schnitt Tante Hilde das Hakenkreuz in der Mitte chirurgisch heraus, verbrannte es und teilte den roten Stoff in gerade, gleichmäßige Stücke.

Daraus nähte sie zwei Paar Latzhosen für ihre kleinste Tochter Amelie. Doch Amelie mochte diese Latzhosen überhaupt nicht. Vielleicht spürte das kleine Mädchen insgeheim, woher der Stoff kam oder was er bedeutete, aber wahrscheinlicher ist, dass sie die Einzige war, die solche roten Latzhosen tragen musste. Sie wollte tragen, was alle trugen.

Artista

Im August kam endlich jemand aus Berlin nach Müggenburg – meine lange von mir vermisste Schwester Mimi.
Als ich sie sah, wollte ich sie am liebsten sofort mit Fragen
löchern. Sie musste mir *alles* erzählen! Wie war es ihnen bloß
am Ende des Krieges ergangen? Hatten sie Schlimmes erlebt?

»Erzähl schon«, sagte ich noch am Bahnhof und wurde
immer ungeduldiger. Mimi wollte erst einmal in Müggenburg ankommen, sich nach der Zugfahrt frisch machen und
bekam außerdem etwas zu essen.

Schließlich saßen wir auf ihrem Bett, und ich hatte sie
endlich für mich allein.

»Wie geht es Mami und Hedda?«, fragte ich. »Hattet ihr
auch einen Russensommer? Wann war der Krieg bei euch
zu Ende? Ist das Haus noch heil? Wie sieht der Garten aus?
Gibt es die Katze noch?«

Ich hatte eine Menge Fragen und konnte mir Berlin
ohne Nazis nicht so recht vorstellen, doch das Bewusstsein,
dass diese Leute jetzt dort nichts mehr zu sagen hatten und
niemandem mehr etwas tun konnten, das war sehr schön.

»Wir hatten wohl eher einen Russen*frühling*«, sagte Mimi,
»jetzt gehört Charlottenburg zum englischen Sektor.«

»Bitte, erzähl doch von Anfang an!«, drängelte ich. Es
wurde eine längere Geschichte.

Die grausame, blutige und überflüssige Schlacht um Berlin hatte sich hingezogen. Im April von 1945 stand unsere Mutter in dem Reihenhaus in der Westendallee und beobachtete mit Entsetzen, wie die Rote Armee ihre Geschütze etwa hundert Meter entfernt in Stellung brachte. Die Häuser lagen an einer Schräge und hatten von Küche und Esszimmer direkte Ausgänge in die schmalen, langen Gärten. Ungefähr zwei Meter tiefer lag eine Laubenkolonie. Unmittelbar dahinter, noch etwas tiefer, lag ein Bahndamm und jenseits davon ein Friedhof. Auf diesem Friedhof bezog die Rote Armee Stellung.

Plötzlich tauchten SS-Offiziere auf und ordneten die Räumung der Häuser an. Genau auf unseren Grundstücken sollte noch schnell ein Verteidigungswall errichtet werden.

»Nun waren wir zum schlechten Ende doch noch in die Schusslinie geraten«, lachte Mimi sarkastisch, »tschüs, du liebe Westendallee!«

Alle Bewohner mussten ihre Häuser verlassen und zusehen, wo sie unterkamen. Mutter, Mimi und Hedda fanden Aufnahme in der Nähe, im Keller der großen Heilig-Geist-Kirche, einem Raum, den sie mit fünfzig anderen Menschen teilen mussten.

»In so einem Keller«, sagte Mimi, »geht das Zeitgefühl rasch verloren. Darum weiß ich auch nur ungefähr, wie lange wir dort waren. Vielleicht drei, vielleicht auch fünf Tage.«

Die Patres teilten Suppe an alle aus und strahlten – im Gegensatz zu den Horrormeldungen und Gerüchten, die über die wenigen Verbindungen in den Keller drangen – eine wohltuende Ruhe aus.

»Hattest du keine Angst in dem Keller?«, fragte ich.

»Doch, aber die Unruhigste war unsere Mutter, die es bald nicht mehr aushielt. Sie wollte unbedingt nach Hause.«

»War sie denn sicher, dass es das Haus überhaupt noch gab?«

»Warte! – Als wir die Westendallee erreichten, fielen uns eine Menge Steine vom Herzen – die Häuser standen noch alle, und von einem Verteidigungswall war weit und breit nichts zu sehen. Wir sind dann erst mal in unseren kleinen Bunker gegangen und haben abgewartet.«

»Aber wann war der Krieg denn bei euch vorbei?«, fragte ich. »War das nicht ein großer, glücklicher Moment in der ganzen Stadt?«

»Es war irgendwie verrückt«, sagte Mimi, »wir unterhielten uns gerade über den Dichter Friedrich Schiller! Sehr gebildet, ich schwöre es dir. Da hörten wir plötzlich Schritte auf der Bunkertreppe, ein Mann schaute durch die Bunkertür und sagte nur mürrisch: ›Der Krieg ist aus‹, und verschwand wieder. Als Erste sprach dann natürlich unsere Mutter – du kennst sie ja.«

Sie meinte, wenn der Krieg vorbei sei, dann könnten sie ja auch ins Haus gehen.

»Und als erste Tat der Nachkriegszeit kochte Hedda eine Erbsensuppe.«

Stalins berühmter Satz: »Die Hitlers kommen und gehen, aber das deutsche Volk bleibt bestehen!«, bereitete den Hasstiraden von Ilja Ehrenburg ein Ende. Das war nicht ganz uneigennützig, schließlich wollte Stalin wenigstens einen Teil dieses Volkes zum *Kind der Sowjetunion* umerziehen. Die Aufstachelung zu Hass und Gewalt wurde dadurch gebremst – ganz zu stoppen waren Plünderungen, Erschießungen und Vergewaltigungen trotzdem nicht.

Im Zentrum von Berlin lag alles in Trümmern, und es gab viele, die nicht daran glaubten, dass man es jemals wieder aufbauen könne. In Westend war es ein wenig ruhiger zugegangen, vielleicht auch deshalb, weil Westend eine nette, aber beileibe keine *feine* Gegend war. In Dahlem oder Grunewald, wo die feinen Reichen und gar nicht so feinen Bonzen wohnten, hatte es Gewalt und Erschießungen durch die Russen gegeben.

»Und wann kamen die Russen zu euch?«, fragte ich. Meine Schwester machte eine Pause. Dann erklärte sie: »Mutter hat alle Türen offen gelassen. Als die Soldaten ihre Geschütze verließen und durch den Garten kamen, begrüßte sie die Russen, zeigte ihnen, wo sie sich waschen könnten, und machte Tee und Muckefuck. Sie hat einfach darauf vertraut, dass man jemanden, mit dem man gemeinsam gegessen und getrunken hat, nicht erschießt oder sonst wie quält.«

Mimi selbst hatte sich allerdings vorsichtshalber außer Sichtweite, in der Mansarde, versteckt. Vom Erzählen und der Reise war sie müde geworden.

»Moment«, fiel ihr dann ein, »ich habe noch etwas vergessen – etwas Trauriges und etwas Komisches.«

»Erst das Komische, bitte«, bat ich sie.

»Kurz vor Kriegsende tauchte ein sehr junger SS-Mann mit einem Leiterwagen vor unserer Haustür auf und bat um zivile Kleidung.«

»Die hat sie ihm aber doch hoffentlich nicht gegeben?« Meine Mutter hatte schon vor Langem geschworen, den SS-Leuten niemals etwas zu schenken.

»Doch«, sagte Mimi. »Er war einer der Bewacher im Gefängnis in der Lehrter Straße, wo wir die Angehörigen der Leute vom 20. Juli besucht haben. Er war wohl immer anständig zu den Gefangenen und zu denen, die etwas für sie abgaben – frische Wäsche, Seife und so was, manchmal Brot.«

Ich schüttelte den Kopf.

»Manchmal, meinte sie, müsse man einen Schwur auch mal brechen!«

»Aber was war das Traurige?«, fragte ich.

»Du erinnerst dich doch sicher an unseren netten Nachbarn, Herrn van Gülpen?«

»Ja, natürlich!«

»Der Krieg war praktisch schon vorbei, da drangen zwei Volkssturmjünglinge in sein Haus und herrschten ihn an, warum er das Vaterland nicht verteidige. Gülpen schüttelte den Kopf und sagte zu ihnen: ›Jungs, der Krieg ist vorbei, macht doch Schluss und zieht eure Uniformen aus!‹ Da haben sie ihn erschossen. Seine Frau hat es vom Nebenzimmer aus mitbekommen.«

Ich seufzte und schwieg. Ich hatte Herrn van Gülpen gut gekannt. Er war ein harmloser, immer freundlicher Nachbar gewesen. Wie konnte man einen Menschen auf derart sinnlose Weise umbringen? Und was war eigentlich so schwer daran, einen Krieg möglichst schnell zu beenden?

Als ich im Bett lag, schwirrte mir der Kopf. Meine Schwester aber war noch aufgeblieben, wie ich hören konnte. Sie spielte auf dem Flügel im Wohnzimmer. Friedel spielte Cello dazu. Das hatte er vorher noch nie getan. An diesem Abend konnte ich endlich wieder einmal zu den Klängen von Musik einschlafen.

Am nächsten Morgen, nach dem Frühstück, belegte ich meine Schwester mit Beschlag. Ich ging mit ihr durch den Blumen- und den Gemüsegarten, dann zeigte ich ihr die Pferde, die gerade vom Hof geritten wurden. Ich winkte meinen russischen Freunden, und sie winkten zurück. Ich wollte meiner Schwester später von ihnen erzählen.

Dann packten wir Badesachen ein und gingen durch den Wald, weil wir in der Ostsee schwimmen wollten. Auf der Düne wäre ich um ein Haar auf eine sandfarbene Kreuzotter getreten, die in der Sonne lag. Glücklicherweise zog mich Mimi noch rechtzeitig weg. Ein giftiger Schlangenbiss, die falsche Begegnung mit zwei Jungen vom Volkssturm – alles lag so nah beieinander.

Wir legten uns in den warmen Sand, und Mimi erzählte den Rest der Geschichte.

»Ich saß am Klavier«, sagte sie, »und spielte bei offener Tür zum Garten. Ich merkte nicht mal, wie jemand ins Zimmer kam. Ich hörte nur eine Männerstimme sagen: ›Ah – Chopin!‹ Es war ein russischer Soldat, und ich habe mich furchtbar erschrocken. Aber er lächelte, zog sich einen Stuhl heran, lehnte seine Knarre seitlich ans Klavier und setzte sich neben mich.«

Von da an kam er täglich, und die Prozedur war immer die gleiche. Stuhl heranziehen, Kalaschnikow ans Klavier lehnen und meiner Schwester beim Klavierspielen zuhören. Die Kunde, dass sich hier in dem Reihenhaus eine *Artista*, eine Künstlerin, befinde, ging in Windeseile herum. Damit war meine Schwester erstaunlicherweise unantastbar und sogar verehrt. Künstler standen bei den Russen sehr hoch im Ansehen – selbst nach dieser furchtbaren Zeit.

Einen Splitter dieser Verehrung erfuhr kurz nach Kriegsende auch Onkel Karl, der Mann von Tante Hilde, in einer brenzligen Situation. Er und andere Männer wurden in Berlin-Zehlendorf, wo er mit seiner Familie zu Hause war, von der Straße weg aufgegriffen und von einem russischen

Soldaten auf einen Lastwagen gezerrt. – Ziel unbekannt. Onkel Karl pfiff die Melodie einer Bachkantate vor sich hin. Darauf blickte ihn der Soldat, der ihn eben noch unsanft auf den Wagen geladen hatte, an und sagte knapp: »Du runter!«

Onkel Karl ließ sich das nicht zweimal sagen und ging vergnügt pfeifend nach Hause.

Meine Schwester erzählte dann noch etwas, an das sich heute sicher nur die wenigsten erinnern: »Der russische General Bersarin setzte sich für Kunst ein. Noch in der ersten Maihälfte ordnete er an, dass das lädierte Opernhaus wieder eröffnet werden sollte. Mit Oper und Ballett, Theater und Konzerten. Die Sänger und die Tänzer waren ziemlich dünn, denn sie hatten Hunger wie wir alle! Du kannst dir nicht vorstellen, was für ein herrliches Gefühl es war, ohne Angst und bei einigermaßen beleuchteten Straßen ins Konzert zu gehen.«

Meine Schwester blieb einige Tage und saß jeden Abend am Flügel. Ihr Spiel war für mich ein Stück vergangener Heimat und erinnerte mich an Berlin, die Stadt, in der jetzt alles neu begann.

Als sie abfuhr, fühlte sie sich nicht gut, und je länger die Zugfahrt nach Berlin dauerte, desto elender wurde es ihr.

Sie stand im Gang, bis eine alte Krankenschwester Platz für sie fand. »Die junge Frau ist krank und hat hohes Fieber, sie kann nicht mehr stehen!«, sagte sie zu den Mitreisenden.

Mimi hatte Fieber, und ihr war schwindlig, doch von der darauf folgenden Kontroverse bekam sie trotzdem alles mit.

»Schmeißt sie aus dem Zug, wer weiß, was sie hat!«, forderten einige.

»Sie wird uns noch alle anstecken!«, riefen andere.

Die alte Krankenschwester und ein paar mitfühlende Reisende setzten sich durch, und so kam Mimi bis Berlin. Die U-Bahn funktionierte bereits; sie fuhr mit Schüttelfrost bis zur Station Neu-Westend und wankte nach Hause.

Unsere Mutter steckte sie sofort ins Bett und holte den Hausarzt, der Diphtherie feststellte, eine schwere Infektionskrankheit, die in den letzten Jahren des Zweiten Weltkriegs grassierte Sie wurde zum Glück nach einigen Wochen wieder gesund.

Doswidanja

Anfang September konnte ich wieder reiten – mein Po war inzwischen verheilt. Ein oder zwei Wochen lang ritt ich noch auf Ljuba neben Nikolai, doch dann wurden die Kosaken abgezogen, und es kamen neue Soldaten. Ich spürte, dass etwas zu Ende ging.

Aber kurz vorher geschah noch ein kleines Wunder. Eine russische Soldatin kam an unsere Tür. Merkwürdigerweise sehe ich sie noch immer genau vor mir: Sie war füllig und hatte ein gutmütiges, rundes Gesicht. Ihr Gürtel war eng um ihre Mitte gezurrt, was ihren enormen Busen besonders zur Geltung brachte. Sie trug eine beigebraune Militärbluse und hatte eine schwarze Baskenmütze auf dem Kopf.

In beiden Händen hielt sie keuchend Tante Marias gute Singer-Nähmaschine. Sie stellte das schwere Ding im Flur ab und sagte mit einem verschmitzten Lächeln: »Unsere Jungs hätten sie sich gerne mitgenommen, aber du brauchst sie sicher noch dringender!«

Tante Maria war überrascht und hocherfreut. »Natürlich brauche ich sie noch!«, sagte sie und bedankte sich herzlich bei der Soldatin.

Ich sah noch, wie die beiden Frauen sich auf die Küchenbank setzten und gemeinsam etwas tranken.

Der Abschied von meinen Freunden, *unseren* Russen, und ihren entzückenden Pferden fiel mir sehr schwer. Aber andererseits – was hatte ich mir denn vorgestellt? Dass sie für immer auf dem Darß bleiben würden? Ich hatte mir etwas vorgemacht, und das musste ich jetzt einsehen.

Im Moment des Abschieds war mir klar, dass ich sie niemals wiedersehen würde. Russland war sehr weit weg, und ich hatte schon Erfahrungen gemacht mit sehr langen, sogar mit dauerhaften Abschieden. Die Trennung von meinem *Ersatzbruder* Nikolai machte mich trotzdem besonders traurig.

»Kannst du jetzt deine Schwester Jelena wiedersehen?« fragte ich ihn.

»*Ja ne snaju*«, meinte er schulterzuckend – er wusste es nicht. »Ich muss abwarten, was die Armee mit mir vorhat. Nach Hause oder woandershin. Ich bin doch noch sehr jung, und erst kommen die Älteren dran, die schon lange im Krieg gekämpft hatten.«

»Das tut mir sehr leid«, sagte ich. »*Doswidanja, Nikolai!*«

»*Doswidanja, Marusja!*« Wieder zuckte er mit den Schultern.

Bevor er auf den Armeelastwagen stieg, holte er rasch ein kleines geschnitztes Pferd aus seiner Tasche und gab es mir. Dann winkte er und fuhr davon. Das Pferd hatte eine schwarze Mähne und einen schwarzen Schweif.

Das war das Ende meines Russensommers. Auch der Abschied von den Pferden, besonders von meiner gutmütigen Ljuba, fiel mir nicht leicht. Ich hing an ihrem Hals und streichelte sie. Dabei vergoss ich Tränen, und es kam mir so vor, als wäre auch das Pferd traurig und würde den Abschied begreifen. Ich ahnte, dass ich so bald nicht mehr reiten würde. Es sollte für immer sein. Doch das wusste ich nicht.

Einige Wochen lang trug ich die kleine hölzerne Ljuba immer bei mir. Dann stellte ich sie auf das Regal im Kinderzimmer. Ich nahm das Pferdchen mit nach Berlin, dort stand es immer auf meinem Nachttisch. Nikolais »Ljuba« zog noch mit mir, Mann und Kindern nach München. Doch dann, bei einem meiner späteren Umzüge, verschwand sie und tauchte nie mehr wieder auf. – Ein trauriger Verlust.

Erst nachdem alle fort waren, berichtete mir Onkel Friedel schmunzelnd von einem Anliegen, das zwei der russischen Offiziere bei ihm vorgebracht hatten.

Sie hatten ihn gefragt, ob sie die kleine Marusja nicht mitnehmen könnten. Sie würden schon eine gute russische Familie für mich finden.

»Wir haben in Berlin gekämpft«, erklärten sie Friedel, »da steht kein Stein mehr auf dem anderen. Marusjas Familie ist sicher nicht mehr am Leben.«

Onkel Friedel bedankte sich freundlich für das großzügige Angebot, erklärte ihnen aber, dass ich kein Waisenkind war, sondern meine Eltern noch lebten.

Als ich davon erfuhr, war ich erschrocken, aber auch ein wenig gerührt. Was wäre wohl als Marusja aus mir geworden? Eine fröhliche Komsomolzin? Oder eine fleißige Studentin der Ingenieurwissenschaften? Oder hätte ich, der mir Freiheit seit diesem Sommer so wichtig war, vielleicht irgendwann im Gulag geendet?

Anfang Oktober fuhren Tante Hilde und ihre Kinder zurück nach Berlin. Die Schulen hatten den Unterricht wieder aufgenommen, allerdings wurde es ziemlich eng, da sich manchmal zwei Schulen ein Gebäude teilen mussten, weil eines der beiden zerstört war. Es gab deswegen in vielen Stadtteilen sowohl Vor- als auch Nachmittagsunterricht.

Ich beneidete Claudine und ihre Geschwister glühend und konnte nicht einsehen, warum ich nicht auch nach Hause durfte. Wahrscheinlich hatte meine Mutter gute pragmatische Gründe, mich noch ein weiteres Jahr auf dem Darß schmoren zu lassen. Ich empfand es als ein langes, eintöniges Jahr, in welchem ich alles verpasste, was in Berlin passierte. Ich habe ihr diese Entscheidung lange nicht verzeihen können. Doch was ich in den Kriegsjahren gelernt hatte, wandte ich auch in diesem Jahr an: Ich wusste, dass es keinen anderen Weg gab und dass ich schlecht allein nach Berlin zurücklaufen konnte. Es blieb mir nichts anderes übrig.

Wir Kriegskinder wussten damals genau, dass wir unseren Müttern lieber nicht auf die Nerven fallen durften, weil sie selbst genug Sorgen hatten, und weil wir sie brauchten. Wir stellten unsere eigenen Sorgen zurück.

So sah ich es schließlich ein: Ich sollte noch nicht nach Hause kommen. Sie musste Geld verdienen und hatte Arbeit bei der DANA, der Deutschen Allgemeinen Nachrichtenagentur, gefunden. Sie war von der amerikanischen Besatzungsmacht gegründet worden und ist der Vorläufer der späteren dpa. Zwar bekam sie neben dem Gehalt täglich eine warme Mahlzeit, doch ihre Arbeitstage waren lang, und oft kam sie erst nach Hause, als die S-Bahn bereits nicht mehr fuhr. Sie wurde dann im offenen, eiskalten Jeep in ihre eiskalte Wohnung gefahren. Was sollte sie da mit mir, einem zehnjährigen Mädchen?

Im November 1945 kam meine Mutter endlich zum ersten Mal seit über zwei Jahren auf Besuch nach Müggenburg – sie kam zu meinem elften Geburtstag.

Ich weiß nicht mehr, wie sie mir auf der Insel entgegenkam, ob ich auf sie zugelaufen und ihr in die Arme gefallen bin. Vielleicht kam es mir – und auch ihr – komisch vor, sie nach so langer Zeit plötzlich wiederzusehen. Zwei Jahre sind eine lange Zeit für ein Kind und vermutlich auch eine lange Zeit für eine Mutter.

Ich weiß aber, dass wir auf dem Sofa saßen, uns ansahen und feststellten, dass wir uns beide verändert hatten.

»Du siehst gesund aus«, sagte meine Mutter, »aber auch ein bisschen *dorfsch*.« Doch zum Glück sei ich nicht so dünn wie die meisten Berliner Kinder. Ich hatte inzwischen schulterlange Haare und trug Röcke, die mir bis zur Wade reichten.

Sie war ziemlich hager geworden, ihr Gesicht hatte Falten bekommen, und silbergraue Fäden durchzogen ihr dunkles Haar.

»Ich freue mich bis zum Himmel, dass du endlich hier bist, Mami!«, sagte ich.

»Und ich freue mich bis zu den Sternen, meine Süße!« Nach langer Zeit nahm mich endlich wieder jemand in die Arme und drückte mich.

Am zweiten oder dritten Tag schlug sie vor, mit mir spazieren zu gehen.

»Geh doch ein Stückchen mit mir«, sagte sie ohne erkennbaren Grund. Das war sehr eigenartig, denn sie mochte es eigentlich überhaupt nicht, mit der Familie zu laufen, selbst dann nicht, wenn mein Vater es ankündigte. Meine Mutter war keine Spaziergängerin, dafür war sie zu ungeduldig. Bei unserem letzten Spaziergang hatte sie mir von Hitler erzählt und dem Geheimnis, dass sie gegen ihn war.

Es war ein wolkenloser, für den November ungewöhnlich sonniger und milder Tag. Wir bogen von der Sandstraße in die Chaussee ein, als sie sagte: »Jetzt bist du ja auch groß genug. Ich muss dir nämlich etwas erklären.«

Ich erwiderte nichts und sah sie nur fragend an. Ich wusste, dass jetzt wieder etwas kommen würde, und ich war mir nicht sicher, ob ich es eigentlich wissen wollte.

»Ja, also.« Sie schwieg einen Augenblick und sah in Richtung Bodden. Ich setzte einen Fuß vor den anderen. »Onkel Friedel ist gar kein richtiger Onkel von dir.«

Als hätte sie mir einen Klaps auf die Stirn gegeben, wich ich zurück. »Und was ist er dann?«, fragte ich.

»Ich war früher mit ihm verheiratet, als ich noch sehr jung war. Und bevor dein Vater mein Mann wurde. Aber dann haben Friedel und ich uns scheiden lassen.«

Das konnte ich kaum glauben. Sie und Friedel? Scheidung war damals noch verpönt, und dass sich jemand von Friedel scheiden lassen würde, konnte ich schon gar nicht verstehen.

»Warum das denn?«

»Wir haben uns nicht mehr vertragen. Das kann auch bei Erwachsenen passieren.«

Ich schluckte und schwieg. Wie konnte man sich denn mit Onkel Friedel *nicht* vertragen?

»Und wann hast du Daddy geheiratet?«

»Am 1. April 1933 in Berlin«, sagte sie geradeheraus.

Ich begann zu rechnen. »Und meine Geschwister?«

Ich wusste ja, dass sie alle viel früher als ich, in den Zwanzigerjahren, geboren waren.

»Sie sind Kinder von dir und Onkel Friedel, oder?«, fragte ich.

»Ja, das stimmt.« Sie bemühte sich offenbar, ihre Stimme sehr sanft und verständnisvoll klingen zu lassen, doch für mich waren das erst mal *starke* Neuigkeiten.

»Habt ihr deswegen den Namen ›Daddy‹ erfunden?«, wollte ich wissen.

»Ja. Ihn beim Vornamen zu nennen, das wäre doch nicht so schön gewesen. Außerdem hat er deine Geschwister immer so behandelt, als wären sie seine eigenen Kinder.«

Das stimmte. Deswegen wäre ich auch nie auf die Idee gekommen, dass er nicht ihr *richtiger* Vater war.

In meinem Kopf wirbelte es. Hatten das alle gewusst außer mir? Mimi, Nico, Konstantin, Tante Maria, Onkel Friedel, Omama, die Busserts und wer noch? Wieso hatten sie es mir nicht früher gesagt? Und was bedeutete das jetzt?

Die Neuigkeit meiner Mutter brachte vieles durcheinander: Ich war die Tochter von Friedels erster Frau. Christian war somit der Halbbruder von Mimi, Nico und Konstantin, er war mit meinen Geschwistern genauso verwandt wie ich. Nur ich war die einzige Tochter meines Vaters.

»Ihr habt mich also alle belogen!«, schrie ich. – Ich konnte es nicht fassen.

Mein Respekt für Tante Maria, die mich so offen empfangen hatte, ist seitdem nur größer geworden. Aber ich kann mir bis heute nicht ganz erklären, warum diese Patchwork-Situation so lange vor mir geheim gehalten wurde. Dass Friedel der Vater von meinen Geschwistern war, das war im Vergleich mit dem, was ich sonst in den letzten Jahren erfahren hatte, doch ziemlich harmlos, und diese Information hätte mich höchstens noch stärker an ihn gebunden. Als ich endlich die Wahrheit erfuhr, war ich elf Jahre alt.

Dabei hätte es doch genügend Gelegenheiten gegeben. Und warum schwiegen meine Geschwister so lange und eisern? Wieso hatte mir Mimi alles vom Kriegsende erzählt, aber nichts davon? Wieso hatte man mich in das lebensgefährliche Geheimnis der Nazigegnerschaft meiner Eltern eingeweiht, aber nicht in dieses, das doch überhaupt nicht gefährlich war?

Neue Zwänge

Im Winter 1945 war die Atempause vorbei. Zwar kamen neue russische Soldaten an Nikolais Stelle, doch sie waren ganz anders. Sie hatten keine Pferde dabei und wurden auch keine Freunde mehr.

Ein neuer Geist der Unfreiheit wehte bald auf den Darß. Nun begann die richtige Besatzungszeit. Aus der friedlichen Atempause wurde ein unerfreulicher Neuanfang.

Gründungen von Vereinen und Organisationen wurden plötzlich *von oben* angeordnet. Die Vokabeln *frei* und *demokratisch* tauchten verräterisch häufig auf. Der *Freie* Deutsche Gewerkschaftsbund, die *Freie* Deutsche Jugend, beides Organisationen, in welchen eine parteipolitische Neutralität ausdrücklich abgelehnt wurde.

Auf der Dorfstraße begegnete mir Rudi, mein früherer Angstgegner auf dem Nachhauseweg von der Schule. Es war kaum vorbei, dass er seine HJ-Uniform getragen hatte. Jetzt rannte er – nicht weniger stolz – in dem Blauhemd der Freien Deutschen Jugend herum. Statt »Heil Hitler!«, rief er jetzt: »Freundschaft«!

Nicht nur einige Jugendliche, sondern auch viele Erwachsene drehten ihr Mäntelchen hurtig nach dem Wind. Die Denunzianten machten sich wieder auf den Weg. Tante

Maria meinte ironisch: »Sie haben es ja schon bei Adolf geübt!«

Wie viele Darßer sich dem neuen Regime rasch anpassten, konnte ich mit meinen knapp elf Jahren nicht beurteilen, doch hörte ich, wie bei Tisch aufgeregt darüber gesprochen wurde.

»Moskau rückt näher«, sagte Friedel. Es schien sich eine Veränderung anzubahnen, gegen die bloßes Russischlernen nicht mehr half.

Friedel wurde angezeigt, weil er angeblich mehr Pferde und mehr Kühe besaß, als er angegeben hatte. Er habe auch zu wenig Milch abgeliefert, hieß es, und sein Soll beim Rindfleisch nicht erfüllt. Es wurden ihm noch einige andere Versäumnisse angehängt, und man richtete deshalb sogar eine Untersuchungskommission ein, die ihn jedoch entlastete. Ich habe die entsprechenden Protokolle – säuberlich beschriftet und eingeheftet, einmal auf Deutsch und einmal auf Russisch für die Militäradministration – Jahrzehnte später – aus einem Archiv in Zingst erhalten. Sie lesen sich wie eine Satire. Unter jenen, die Friedel angezeigt hatten, fand sich auch der Vater von Sigi, meinem zweiten ehemaligen Plagegeist.

Die sowjetische Obrigkeit beeilte sich, den Wald auf dem Darß zu parzellieren – sofort gab es Streit darüber, was die jeweiligen Besitzer auf den ihnen zugeteilten Parzellen tun und lassen durften. Das *eigene* Holz schlagen war erlaubt, es als Nutzholz zu verkaufen jedoch nicht. Privatbesitz war nicht mehr privat.

Friedel erlebte ein Wechselbad der Zugehörigkeiten: Einerseits wurde er misstrauisch beobachtet, andererseits fuhren wieder schwarze Limousinen auf seinen Hof. Sie hatten von seinem Geschick und seinen Erfolgen erfahren und wollten ihn einkaufen für das Landwirtschaftsministerium. Er hätte zu wollen gehabt, aber er wollte eben nicht.

Onkel Friedel entzog sich den Wünschen der SED-Führung im Jahr 1950 durch Flucht, zunächst nach Westberlin, später ins Rheinland. Er blieb seiner Liebe zur Landwirtschaft treu, aber nur in zweiter Linie dem Ackerbau. Sein Ziel war es, das landwirtschaftliche Bauen zu modernisieren und zu optimieren. Er begann mit Mitte fünfzig eine stupende Karriere, von der seine Mitarbeiter meinten, seinem Ideenreichtum und seinem Tempo sei schwer zu folgen. Er starb im Februar 1965 mit achtundsechzig Jahren. In der Todesanzeige der Gesellschaft, deren Geschäftsführer er war, hieß es: »In der engen Verbindung des Menschen mit Grund und Boden sah er eines der Fundamente einer freiheitlichen Gesellschaftsordnung.« Ich habe ihn sehr vermisst, denn bis zu seinem Tod waren wir stets verbunden geblieben. Er war ein guter Ratgeber und Unterstützer meiner Vorhaben.

Die Kollektivierung in der DDR vertrieb viele Landwirte – es sollen Ende der Vierziger- und Anfang der Fünfzigerjahre rund fünfzehntausend gewesen sein.

Selbst bei Vergnügen und Tanz wurden die Regeln strenger. Ich fing an, mich für die örtlichen Tanzveranstaltungen zu interessieren, und bibberte zu Liedern wie »Das kann doch einen Seemann nicht erschüttern« oder »Rosamunde« jedes Mal, ob mich wohl eines der großen Mädchen oder jungen Frauen zum Tanz auffordern würde. Dass Frauen mit Frauen tanzten, war gar nicht unüblich, der überall spürbare

Männermangel machte es notwendig. Als statt des üblichen Tanzes einmal ein Maskenball ausgerufen wurde, untersagte die Militäradministration die Veranstaltung. *Vollmaskierung*, hieß es, könne man nicht akzeptieren.

Das Kollektiv und die Gleichheit wurden mit einem Mal wichtiger als je zuvor. Ich weiß nicht, ob ich mir als Kind darüber schon Gedanken machte. Ich spürte nur einen neuen Zwang, einen neuen Druck, sich anpassen und schweigen zu müssen. Viel später, als ich Mitte der Siebzigerjahre auf einem offiziellen Besuch einer kleinen Delegation des Münchner Stadtrats in Moskau war, bekam ich eine Ahnung davon, was hinter dieser Gleichheit tatsächlich stand. Ein eleganter, sprachgewandter Begleiter zeigte mir die Tretjakow-Galerie. Er war sicherlich vom KGB. Vor meinen Augen brüllte er seinen Fahrer in einer Weise an, wie es in Deutschland undenkbar gewesen wäre. Mir war das peinlich, und ich konnte es nicht lassen, den KGB-Mann zu provozieren.

»Ich dachte, ihr seid alle gleich, alle Brüder, ohne oben und unten?«, sagte ich.

Seine Antwort kam kühl und beherrscht: »Diese Bauern verdienen es nicht anders, sonst gehorchen sie nicht. Das war in Russland schon immer so!«

Im Spätwinter zu Beginn des Jahres 1946 fiel auch mir auf, dass ungewöhnlich viele Kinder geboren wurden – die *Russenkinder*.

Schätzungen zufolge waren es allein in Mecklenburg-Vorpommern ungefähr dreitausend – Kinder aus Vergewaltigungen, sogenannte Zwangsschwangerschaften, vaterlose Kinder, für die niemand aufkommen wollte. Abtreibung war bei Strafe verboten, fand aber trotzdem statt, nicht immer professionell.

Die deutschen Jugendämter erklärten sich für unzuständig, die sowjetische Militäradministration sowieso. Diese Russenkinder sind jetzt siebzig Jahre alt. Die Mehrzahl konnte bei ihren Müttern bleiben. – Wie mögen sie aufgewachsen sein?

Auch Gretchen bekam noch ein Geschwisterchen, aber das hatte nichts mit den Russen zu tun. Herr Maurer kam zu Friedel ins Arbeitszimmer, drehte seine Schiebermütze in den Händen und sagte: »Herr Doktor – meine Frau erwartet wieder was Kleines!«

Mein letztes Jahr kommt mir im Nachhinein vor allem eintönig vor. Ich ging wieder zur Schule, nur der aggressive Truthahn von Bauer Pieritz war nicht mehr da, vielleicht hatten sie ihn geschlachtet. Gut so!

Im Winter passierte jedoch etwas ganz Harmloses, das für mein späteres Leben dennoch entscheidend war: Ich entdeckte Friedels Bibliothek. Ich las und las und las, zuerst alle Bände von Theodor Storm. Maria meinte zwar, es sei noch nicht alles für mein Alter geeignet, doch dieser Hinweis stachelte mein Interesse natürlich nur an.

Ich freundete mich mit Waltraud an, einer blassen, blonden, schüchternen Sudetendeutschen, die selten lachte. Waltraud war eines der beiden neuen Hausmädchen von Tante Maria, sie mochte ungefähr zwanzig Jahre alt sein. Ich wunderte mich, dass ich sie nicht schon früher bemerkt hatte, sie war ja schon im Sommer 1945 zu uns gekommen. Doch wahrscheinlich war ich vorher zu sehr von den Kosaken, Ljuba, Claudine und Justus abgelenkt gewesen.

Ihr Deutsch hatte einen merkwürdigen Akzent, und im Umgang mit Waltraud wandelte sich meine unbarmherzige Haltung – das haben die dummen Hitlerwähler jetzt davon – gegenüber den deutschen Flüchtlingen. In ihrem winzigen Zimmer unter dem Dach vom neuen Haus saßen wir auf ihrem schmalen Bett, und sie erklärte mir, was es hieß, *vertrieben* zu sein, und dass sie wohl niemals *nach Hause* zurückkehren konnten. Sie mussten weg aus ihrer Heimat, nicht nur mit Schimpf und Schande, es hatte auch Gewalt, Tote und Verletzte gegeben.

Waltraud war allein mit ihrer Mutter in einem Transport nach Zingst gekommen. Ihr Vater lebte nicht mehr, aber davon sprach sie nicht. Sie brachte mir Nähen bei, und wenn wir in der Ostsee baden gingen, musste ich gut auf sie aufpassen, denn sie konnte nicht schwimmen. Ich erinnere mich, dass ich morgens ihr Bett gemacht habe, um ihr meine Zuneigung zu zeigen. Sie wollte es aber nicht.

Sicherlich ging ich im Winter auch wieder Schlittschuhlaufen und im Sommer auch wieder Schwimmen, aber davon sehe ich keine Bilder mehr. Die Szenen sind erloschen.

Je näher mein Abschied von Müggenburg, der Ostsee, dem Bodden und dem Darßer Urwald rückte, desto ungeduldiger wurde ich. Im August 1946 sollte endlich meine Mutter kommen, um mich nach Hause zu holen. Es war wohl das einzige Mal, dass ich unfreundlich zu Maria war und wir ein bisschen aneinandergerieten.

»Ich bin so froh, wenn ich endlich von hier wegkomme«, stöhnte ich.

Sie antwortete giftig: »Das wirst du noch bereuen!«

Sie hatte unrecht. Ich bereute die Abreise nicht. Nach fast drei Jahren kam ich endlich wieder zurück nach Berlin.

Den großen Bernstein ließ ich bei Maria und Friedel. Ich hatte ihn auf ihrem Acker gefunden – und so sollte er auch bei ihnen bleiben.

Mit der Ungebundenheit vom Darß war in Berlin zwar Schluss, dafür aber waren Hedda, Mimi und Mutter wieder in meiner Nähe, und es gab neue Aufgaben, die mich beschäftigten.

Worauf ich nicht vorbereitet war, das war etwas ganz anderes.

Ich hatte geglaubt, meine Eltern würden jetzt – wo die Nazis endlich keine Macht mehr hatten – als strahlende Vorbilder angesehen. Mit den Altnazis hatte ich nicht gerechnet.

Meine Eltern waren in ihren Augen nichts anderes als Volksverräter.

Während einer Pause in meiner Berliner Schule stand eine Gruppe von Mädchen dicht beieinander und tuschelte. Dann drehte sich eine von ihnen zu mir um und sagte laut: »Cornelia, wir haben festgestellt, dass du aussiehst wie eine Jüdin!«

Ich wandte mich ab und wusste nicht, was ich sagen sollte.

Meine Mutter fühlte sich immer als Deutsche oder mehr noch vielleicht als Berlinerin. Auswandern wollte sie keineswegs. Trotzdem habe ich nie die Worte *wir Deutschen* aus ihrem Mund vernommen, sondern stets nur *die Deutschen*.

Mein Vater ist 1949 in die USA ausgewandert, er war ein gebrochener Mann, der wohl alle seine Kraft verbraucht hatte und bis zu seinem Tod 1969 ein kümmerliches Leben in einem kümmerlichen Job führen sollte. Es war ihm aber wichtig, in New York ehrenamtlich Dienst in seiner Kirchengemeinde zu leisten. Vielleicht war das ein Stückchen Heimatgefühl, vielleicht auch so etwas wie Wiedergutmachung.

Er hat sich als Deutscher trotz allem schuldig gefühlt, weil er nicht mehr tun konnte als das, was er gemacht hatte. Das mag für einen expliziten Nazigegner auf den ersten Blick unlogisch klingen. Doch gerade *weil* er etwas gegen die Nazis getan hatte, gerade *weil* er Juden gerettet hatte, wusste er, dass man etwas tun konnte. Ihm stand als einem der wenigen nicht die Möglichkeit offen, sich mit der Begründung herauszureden, man habe eben nicht anders gekonnt. Er wusste ja, dass man anders konnte. Und gerade deshalb schmerzte es ihn, nicht noch mehr getan zu haben.

In der Bundesrepublik hätte man ihn als »Unbelasteten« sicher in der Regierung gut gebrauchen können. Er zog 1947 nach Frankfurt a. M., wo er für eine Behörde arbeitete, die für die Bewirtschaftung der drei Westzonen eingesetzt worden war. Er hatte an einen neuen Anfang geglaubt und dass die Gespenster der jüngsten Vergangenheit verjagt seien. Aber er hatte sich getäuscht. Die zahlreichen Übriggebliebenen saßen in den Startlöchern und walteten bereits wieder in den Ämtern und der Industrie. Er wollte nicht länger unter ihnen leben. Er hat mir nie darüber geschrieben, wohl aber hat er es vor seiner Auswanderung seiner geschiedenen Frau, meiner Mutter, gesagt.

Anlässlich seiner Beisetzung schrieb der ehemalige Deutsche, Kurt R. Grossman, in der *Jüdischen Allgemeinen* in New York: »Sicherlich war die größte Ehrung diejenige, die er nicht mehr miterleben konnte: jene tiefinnerliche Ehrung von vierhundert Amerikanern, Schwarzen und Weißen, Professoren, Kaufleuten und Arbeitern an einem warmen Sonntagnachmittag in New York und die Tränen, die sie um diesen außergewöhnlichen Menschen vergossen. Sie waren gekommen, um diesem stillen Mann das letzte Geleit zu geben.«

Meine Eltern sind als »Gerechte unter den Völkern« von Israel geehrt worden. Mutter und Vater haben dort je einen Baum mit ihrem Namen darunter in der »Allee der Gerechten«, ihre Urkunden sind heute in meinem Besitz. Mein Vater hatte nicht das Geld, um seine Reise nach Israel zu bezahlen. Es wurde von den Geretteten, die ihn in den USA aufgetan hatten, gesammelt. Den Baum für meine Mutter habe ich gemeinsam mit meinem jüngsten Sohn gepflanzt, denn sie war ein Jahr zuvor gestorben.

In Berlin gibt es ein sehr kleines Museum für die sogenannten »Stillen Helden«. Meine Eltern und auch die meisten der anderen Retter konnten die Eröffnung nicht mehr erleben.

Sie fand erst im Jahr 2008 statt – über sechzig Jahre nach dem Ende des Krieges! Kein Wunder – dass man auch anders gekonnt hätte, das ist bis heute kein Leitmotiv in der deutschen Beschäftigung mit der eigenen Vergangenheit.

Mein Vater hatte den Versuch gemacht, die Ehe mit meiner Mutter wieder aufzunehmen, aber es war nicht gelungen. Warum, das gehört nicht hierher. Als ich es erfuhr, war ich verzweifelt.

Ich erfuhr nach und nach auch, dass er nicht allein in die USA gegangen war, sondern dass er eine junge jüdische Frau, die er, meine Mutter und Onkel Friedel gerettet hatten, zur Frau nahm. Es war niemand anders als Zosia, die junge Polin, die Justus und Monika bei der Evakuierung auf den Kirr zur Eile angetrieben hatte. Sie wurde von meinen Eltern mit falschen Papieren ausgestattet und aus Drohobycz erst nach Berlin und dann auf den Darß geschickt.

Mein Vater hatte sie – wie viele andere Juden – mit falschen Papieren erst nach Berlin und dann nach Müggenburg geschickt.

Vielleicht war es eher umgekehrt, so berichteten andere Gerettete, dass sie sich ihn *gekrallt* hatte. – Wie immer es war, leicht hat sie es in Amerika auch nicht gehabt, aber das konnte mich nicht trösten, denn ich habe meinen Vater sehr vermisst. Es ist ein Schicksal, das in meiner Generation alles andere als ungewöhnlich ist. Ein Drittel der Kinder meiner Altersgruppe musste ohne Vater aufwachsen, und es gab zahlreiche Ehen, die den Krieg und die Nachkriegszeit nicht überstanden haben.

Noch heute treffe ich jüngere Menschen in Israel oder in den USA, die mir sagen: »Ohne Ihren Vater gäbe es mich nicht – ich wäre nie geboren worden.« Ich weiß dann nicht, was ich antworten soll. Ich bin sprachlos. Durch eine Reihe unglaublicher Zufälle habe ich im Jahr 2001 eine Jüdin aus Drohobycz, die seit Jahrzehnten in Manhattan lebt, kennengelernt. Ich wusste nichts von ihrer Familie. Sie heißt Celia, und wir besuchen uns seither jedes Jahr. Mein Vater hat sie und ihre Zwillingsschwester im Alter von vier Jahren in letzter, dramatischer Minute gerettet, als jüdische Kinder schon »verboten« waren, also getötet wurden. Ihre Eltern überlebten dann ebenfalls im Versteck. Wir beiden Frauen, Celia und ich, haben ein besonderes Verhältnis zueinander, und bei unserem letzten Treffen meinte Celia nachdenklich: »Weißt du, das hat damit zu tun, dass wir beide unser Leben deinem Vater verdanken.«

In der Zeit nach meiner Rückkehr übersetzte ich meiner Mutter in der Berliner S-Bahn leise die Gespräche der mitfahrenden russischen Soldaten. Ich konnte das, und sie war ein bisschen neidisch, weil sie es nicht konnte.

Sie wollte eine Russischlehrerin für mich finden, damit mir diese Sprache auf keinen Fall verloren ging, aber diese Idee setzte sie nie in die Tat um.

Und so vergaß ich alles. Wirklich alles! Außer ein paar Brocken – und ein paar sehr unanständigen russischen Flüchen.

Schon nach ein paar Jahren war das Russisch in meinem Kopf wie von einer Festplatte gelöscht. Stattdessen waren bald Englisch, Französisch und später auch Italienisch darauf. Meine Russischkenntnisse hielten nur so lange, wie ich sie wirklich brauchte.

Ich bin später gefragt worden, warum ich nicht als Erwachsene nach Russland gefahren bin, warum ich nicht von mir aus die Sprachkenntnisse wieder aufgefrischt hätte.

Ich habe wohl keine überzeugende Antwort, nur eine Art Puzzle von Antworten: Es war kein Geld da, ich hätte überhaupt nicht ins Ausland reisen können, es gab den Eisernen Vorhang, der es schwierig gemacht hätte, und ich bin früh Mutter geworden. Russland war seit den Fünfzigerjahren plötzlich sehr weit weg.

Nur Nikolais Lieder kenne ich immer noch. Als ich vor

Kurzem – dieses Jahr – russische Lieder im Radio hörte, erkannte ich die Melodien sofort und hätte sie alle mitsummen können.

Auch die Idylle auf dem Kirr hielt nicht mehr lange. Der letzte Bauer auf dem Hof, Tante Marias Bruder Ernst, wurde bald nach dem Krieg enteignet und zog nach Müggenburg.

Das schöne alte Bauernhaus wurde abgerissen, der Garten plattgemacht, die Hecken entfernt, und in dem Naturparadies stehen jetzt mehrere auf alt gemachte Ferienhäuser.

Als ich im Sommer 2015 noch einmal dort war, trottete ein uraltes zotteliges Pony müde zwischen den Häusern herum.

Nur wenn man heute mit dem Boot über den Bodden zur Insel hinüberfährt, sich an den Platz des ehemaligen Bauernhauses ins Gras legt, die Augen zumacht und tief einatmet, kann man noch etwas von der früheren, verzauberten Atmosphäre ahnen.

Geburtstagsüberraschung

Am 8. Mai war der Krieg auf dem Papier offiziell vorbei. Doch für mich ging er erst dann wirklich zu Ende, als mein Bruder Konstantin aus der russischen Gefangenschaft nach Hause zurückkehrte.

Im Jahr 1947 machte sich meine Mutter monatelang größte Sorgen um ihren Sohn. Sie wusste zwar, wo er in Gefangenschaft war, aber es gab doch sehr selten Nachricht von ihm. Die Vorstellung, dass Konstantin irgendwo tief im russischen Hinterland hungerte, begleitete uns und lag über allem, was die Familie tat.

Zweimal bekamen wir Besuch von ehemaligen Mitgefangenen, die bereits entlassen worden waren. Beim Tee in unserem Wohnzimmer berichteten sie vom Lager und von der schweren Arbeit im Kohlebergbau. Zu essen habe es wenig gegeben, und die Wanzenplage habe sie fast in den Irrsinn getrieben. Die Strohsäcke, auf denen sie schliefen, seien voll mit Wanzen gewesen, darum hätten sie im Sommer möglichst im Freien geschlafen. Im Großen und Ganzen, sagten sie meiner Mutter aufmunternd, seien sie jedoch einigermaßen anständig behandelt worden – keine Schläge, keine Folter, keine entwürdigenden Schikanen wie stundenlanges Stehen. Einige hatten in dem Lager trotzdem nicht durchgehalten und waren an Entkräftung gestorben.

Konstantin, sagten sie, gehe es also nicht gut, aber auch nicht richtig schlecht. Er sei eben sehr dünn. »Keine Sorge, Ihr Sohn wird bald nach Hause kommen«, sagten sie jedes Mal zum Abschied.

Ich weiß nicht, ob sich meine Mutter durch diese Beteuerungen wirklich beruhigen ließ. Ich weiß auch nicht, wie traumatisiert oder traurig die zurückgekehrten Männer aussahen. Ich erinnere mich nur daran, dass einer der Männer, er war Bäcker, etwas sehr Kostbares mitbrachte: ein ganz normales Weißbrot. Heute ist es unmöglich, sich unsere unfassbare Freude über etwas so Einfaches wie Weißbrot auszumalen.

Eines Nachts hatte meine Mutter einen furchtbaren Traum: Konstantin versuchte zu fliehen und wurde auf der Flucht erschossen. Am nächsten Morgen war sie außer sich vor Angst und wollte über kaum etwas anderes sprechen. Sie beruhigte sich erst, als sie zwei Wochen später eine knappe Nachricht von Konstantin aus dem Lager erhielt.

Dann kam mein dreizehnter Geburtstag im November 1947. Es war Mittagszeit, und ich wartete oben in meinem Zimmer, weil unten irgendetwas für mich vorbereitet wurde. Ich sah aus meinem Fenster auf die Straße hinaus. Dort unten setzte ein abgemagerter Mann in einer völlig abgeschabten Wehrmachtsuniform sehr langsam einen Fuß vor den anderen. Er stützte sich auf den Arm unserer Nachbarin Dörte. Mir blieb das Herz stehen. Konstantin? War es möglich?

»Ich warte«, sagte ich mir, »ob er das Gartentürchen aufmacht. Wenn er das tut, dann ist er es!«

Tatsächlich – der Mann ging auf unsere Pforte zu und öffnete sie. Ich raste die Treppe hinunter und rief: »Mami, Mami, Konstantin ist wieder da!«

Ihre Reaktion war spontan und vollkommen unerwartet. – Sie gab mir eine schallende Ohrfeige und schrie mich an: »Damit macht man keinen Spaß!«

»Dann sieh doch selbst nach!«, schluchzte ich verdattert. In diesem Moment läutete es an der Haustür. Meine Mutter warf mir einen Blick zu, den ich nicht beschreiben kann. Ihre Augen füllten sich mit Tränen, und sie rannte zur Haustür. Dann ein Aufschrei!

Nach drei Jahren russischer Gefangenschaft war Konstantin sehr schwach, aber unverletzt. Er wurde sofort ins Bett gesteckt und bekam etwas zu trinken und eine Suppe. Der Hausarzt stellte außer einer gravierenden Unterernährung nichts weiter fest. Er schärfte unserer Mutter ein, Konstantin solle viel trinken und mehrmals am Tag leichte, kleine Portionen essen.

»Er muss langsam, ganz langsam aufgepäppelt werden«, wiederholte der Arzt mehrmals, »lassen Sie auf keinen Fall zu, dass er sich den Magen vollschlägt.«

Mein Bruder hatte keine leichten Jahre hinter sich – es war allen bekannt, wie hart es in den sowjetischen Lagern zuging, wie schwer die Arbeit und wie unerträglich der Hunger war. Noch heute sieht man im Fernsehen hin und wieder Bilder von Adenauers Reise nach Moskau. Es war 1955, als er die Letzten der weit über zehntausend deutschen Kriegsgefangenen nach Hause holte.

Erst viele Jahre später wagten es Zeitzeugen im Westen, auch auf die Zustände in amerikanischen Kriegsgefangenenlagern aufmerksam zu machen. Auch dort hatte es – freilich in viel geringerem Rahmen – Tote durch Erschießungen, Hunger und Krankheiten gegeben. Allerdings endete die Zeit der Gefangenschaft bei den westlichen Alliierten sehr viel früher. Bis 1949 sollten nach einem Beschluss der Alliierten sämtliche deutschen Kriegsgefangenen entlassen sein.

Konstantin hat von der Zeit seiner Gefangenschaft nicht viel erzählt. Er sagte nur, dass sie von ihren Bewachern in Russland nicht gequält worden seien. Den Bewachern, erzählte er, ging es in Wirklichkeit auch nicht viel besser – sie waren ebenfalls arme Teufel. Wenn in der Nähe ein Transport mit Gemüse oder anderen Lebensmitteln haltgemacht habe, sagte Konstantin, dann sei es stillschweigende Übung gewesen, dass zuerst die Wachmannschaften zum Klauen gingen, danach hätten sie weggeschaut und das Feld den Gefangenen überlassen. Eine ungeschriebene Regel war nur, dass man nicht zu viel mitgehen ließ. Ungefähr ein Drittel durfte geklaut werden.

Auf Nachfrage meiner Mutter bejahte er, dass er für kurze Zeit tatsächlich fliehen wollte. Mit einem Mitgefangenen hatte er Pläne für eine Flucht aus dem Lager geschmiedet, dann schien sie ihm aber doch zu riskant. Konstantin blieb, wo er war, der Mitgefangene jedoch wagte es, wurde entdeckt und erschossen. Es stellte sich heraus, dass meine Mutter genau zu jener Zeit ihre Albträume gehabt hatte.

Konstantin hatte überlebt, doch jahrzehntelang wurde bewusst verdrängt – oder einfach nie daran erinnert –, wie grausam es den sowjetischen Kriegsgefangenen in deutschen Lagern ergangen war. Sie blieben im Schatten der Erinnerung und sind es zum großen Teil noch heute. Der Überfall der Wehrmacht auf die Sowjetunion, der Bruch des Hitler-Stalin-Pakts, jährt sich dieses Jahr zum fünfundsiebzigsten Mal. Es leben noch Menschen, die sich daran erinnern können, wenn sie es denn wollen.

Die NS-Kriegsplanung gegen die Sowjetunion sah vor, dass Millionen Menschen zu verhungern hätten, um die deutsche Bevölkerung zu ernähren. Das war ein Tod, der nicht einmal Patronen kostete! Man kann dies nur als *Hungermord* bezeichnen. Von den rund drei Millionen Rotarmisten, die 1941 in deutsche Gefangenschaft gerieten, überlebten bis 1942 nur eine Million. In der Ausstellung der Gedenkstätte von Bergen-Belsen sind zahlreiche junge russische Soldatengesichter mit den Daten ihres kurzen Lebens abgebildet, und man sieht auch die Erdhöhlen, die sich die russischen Kriegsgefangenen graben mussten. Baracken oder andere Unterkünfte für sie gab es nicht. Die Namen, Fotos und die Lebensdaten stammen aus einem Archiv in Moskau, wo sie seit dem Ende der Sowjetunion zugänglich sind.

Doch auch wer dieses Martyrium überlebte, hatte kein Glück – bei der Rückkehr nach Russland erlebten viele Soldaten einen Schock: In der Sowjetunion galt es als herber Makel, lebend aus deutscher Kriegsgefangenschaft heimzukehren. Viele von ihnen fanden nur schwer eine Arbeit und hatten große Mühe, ihr Leben neu aufzubauen.

Ich weiß, dass im Krieg immer auf allen Seiten getötet und gestorben wird und dass es immer grauenhaft ist. Aber es kommt mir doch merkwürdig vor, dass es in Bezug auf die Russen noch immer zwei völlig gegensätzliche Narrative gibt. Einerseits die gewalttätigen Bestien und Vergewaltiger, andererseits die kinderlieben Russen und Befreier. Beide Narrative haben nie einen gemeinsamen Strang gefunden, und vermutlich wird das auch so bleiben. Ich jedenfalls habe die gute Seite erlebt und bin dankbar dafür.

Zunächst gelang es gut, Konstantin mit kleinen Portionen aufzupäppeln, wie der Doktor empfohlen hatte. Doch dann kam ein wohlmeinender amerikanischer Kollege von der DANA zu Besuch.

Er brachte Köstlichkeiten mit, von denen Konstantin lange nur träumen konnte – ein großes Paket voller fetthaltiger Lebensmittel: Schinken in Dosen, Schinken mit Rosinen, Wurst, Käse, Butter und Kuchen. Konstantin konnte sich nicht beherrschen und stürzte sich auf die ungewohnten Herrlichkeiten. Er wäre beinahe daran gestorben.

Als er schließlich wieder ganz hergestellt war, ging er an die Kunsthochschule in Berlin und studierte dort Architektur. Mimi besuchte weiter die Klavierklasse an der Hochschule für Musik, Nico wurde Sprecherin beim Rundfunk NWDR in Hamburg. Ich ging auf die Westendschule, Claudine auf die Gertraudenschule. Justus konnte wieder experimentieren – er nahm bald ein Studium der Chemie auf.

Unsere Mutter begann – mit fast fünfzig Jahren – eine Karriere als Konferenzdolmetscherin, die sie durch die halbe Welt führte. Sie hatte diesen Beruf niemals gelernt, aber da in ihrem Elternhaus eine englische *Nurse* zur Erziehung der Kinder gelebt und bei ihrer besten Freundin Jutta eine *Mademoiselle* den Weimarer Haushalt komplettiert hatte, beherrschte sie beide Sprachen. Es war ihre Mutter gewesen, die sie gezwungen hatte, in beiden Sprachen das Lehrerinnenexamen abzulegen. Als sie nach dem Krieg Geld verdienen musste, war das ein Segen, und Dolmetschen fiel ihr leicht, konsekutiv und simultan. Mehrsprachige Dolmetscher mit der Muttersprache Deutsch waren damals eine Rarität, deshalb bekam sie bald gut zu tun. Sie wurde nicht müde, uns von ihrer interessanten

Arbeit zu berichten und von der bunten Welt, die sie jetzt erlebte und genoss.

»Bist du wieder den wehenden Saris begegnet?«, zogen wir Kinder sie deshalb auf. – Sie liebte nämlich alles Farbige und Ungewöhnliche. Das Einerlei, auch das optische, war ihr in der Nazizeit besonders gegen den Strich gegangen. Schon vor dem Krieg war sie mehrmals in London gewesen und hatte danach von der Farbigkeit auf den Straßen geschwärmt. Die Bewohner des riesigen Commonwealth waren in London nicht zu übersehen. Die *wehenden Saris* wurden in unserer Familie zu einem Codewort für ihre Schwärmerei.

Der Aufschwung und das Wirtschaftswunder kamen bald auch bei uns in der Westendallee an. Im Sommer 1956 überraschte uns unsere Mutter mit etwas, das deutscher nicht hätte sein können: ein Auto der Marke VW Käfer.

Epilog

Was mit mir los sei, fragte Herr Streng, mein Fahrer im eleganten 5er-BMW.

Nichts, sagte ich, es sei schon wieder gut. Ich hätte nur an etwas gedacht. Aber das sei lange her.

Dann sprachen wir über den letzten Abend. Ich hatte eine Rede in einem gut gefüllten Nebenraum einer Gaststätte gehalten, und ein Mann aus dem Publikum hatte sich zu den anderen Zuhörern gewandt und voller Erstaunen ausgerufen: »Habt ihr gemerkt, die Frau hat ganz frei gesprochen!«

Ich sagte: »Ja, na und?«

»Mussten Sie das denn nicht mit Ihrem Chef abstimmen?«

Nein, musste ich nicht.

Ich war auf Wahlkampftour zur ersten freien Wahl in der DDR, zur Volkskammer, am 18. März 1990. Gleichzeitig war es die letzte Wahl vor der gesamtdeutschen Wahl zum Bundestag, am 2. Dezember desselben Jahres.

Die Stimmung jener Wochen zu beschreiben ist erstaunlich einfach. Die Bürgerinnen und Bürger, die damals die Säle füllten, waren voller Zuversicht und Neugier. Die anderen blieben zu Hause.

Und wir *Wessis*, vor allem diejenigen, die in der Nähe der alten Grenze lebten, wir, die so viele aus dem *anderen Deutschland* kennenlernen konnten, tauschten uns begeistert aus. Ich habe damals oft gedacht und wohl auch ausgesprochen: »Lasst uns diese Freude nicht so schnell vergessen!«

Aber es zeigte sich bald, dass man nicht im Ernst darauf bauen konnte, dass sich diese gewaltige Hochstimmung halten würde. – Wir wissen längst, wie es weiterging. Die Annäherung der Deutschlands dauerte noch sehr lange.

Aus der Freiheit, die ich 1945 auf dem Darß gespürt hatte, war etwas anderes geworden: ein Unterdrückungsstaat mit Bespitzelung durch die eigenen Leute und eine lahmende Wirtschaft. Es gab Todesurteile, die durch sowjetische Militärtribunale verhängt wurden, danach übernahm die DDR-*Justiz* die Bestrafung ihrer Bürger. Schon in den allerersten Jahren nach dem Kriegsende wurden junge Leute, die sich gegen die Diktatur wandten und Freiheit einforderten, rigoros erschossen, für Jahre ins Gefängnis verbracht oder in die Sowjetunion deportiert.

Die östlichen Truppen lebten ganz anders als die Truppen der Westalliierten. Sie traten öffentlich kaum in Erscheinung, und von der Bevölkerung der DDR wurden die *Freunde* als Besatzer empfunden und wenig gemocht. Die oft sehr jungen Soldaten lebten isoliert, ihre Ausbildung war hart, ihre Unterbringung und Verpflegung schlecht.

Es ist auffällig, wie wenige Worte aus dem Russischen in die Alltagssprache der DDR und die gesamtdeutsche Sprache Eingang gefunden haben – fast keine. Dabei ist es so etwas wie eine Regel, dass die Sprache der Sieger ihre Spuren in der Sprache der Besiegten hinterlässt.

Vergleicht man das mit der Anglifizierung der heutigen deutschen Sprache, dann wird der Unterschied klar.

Nichtsdestotrotz hatten die DDR-Bürger den Ruf, die eifrigsten *Kinder der Sowjetunion* zu sein. Was sie nicht beliebter bei den anderen Satelliten machte. Sie ernteten Spott: »Mit der DDR ist es wie mit den Peperoni – sie sind die rötesten, die kleinsten und die schärfsten.«

Doch es gibt immer Menschen, die sich von einem Unterdrückersystem nicht beeindrucken lassen. *Unter der Decke* des Systems gab es viel mehr gemeinsame Ansichten, als offen sichtbar war.

Ende der Siebziger- und in den Achtzigerjahren entwickelte sich eine eigenwillige Tourismusvariante in der DDR. Trotz der haarsträubenden Bürokratie und Beobachtung der Bürger unternahmen immer mehr unangepasste, abenteuerlustige junge Leute mithilfe eines kurzfristigen Transitvisums – es galt zwei Tage! – ausgedehnte Reisen kreuz und quer durch das große Sowjetreich. Sie lernten Russen als Menschen kennen und nicht als *System*, sie trafen auf eine herzliche Gastfreundschaft und eroberten sich ein Stück innere Freiheit. Dann kehrten sie bereichert in ihr kleines Gefängnis DDR zurück.

Es dauerte mehr als vier Jahre, bevor die Truppen der Alliierten abzogen. Es hatte heftige Diskussionen gegeben, ob alle vier, die Amerikaner, die Engländer, die Franzosen und die Russen, am selben Tag mit denselben Festlichkeiten verabschiedet werden könnten.

Die Truppen der drei Westalliierten wurden am 8. September 1994 sehr festlich mit Großem Zapfenstreich verabschiedet. Moskaus Truppen bekamen jedoch eine eigene

Veranstaltung etwas früher, am 31. August 1994. Bundes-kanzler Kohl versprach den Russen einen Abschied in »würdiger und respektvoller Weise«, er war vor allem bereit, für diesen Abschied auch zu bezahlen. Er sagte Boris Jel-zin die Finanzierung von fünfundvierzigtausend Wohnun-gen zu sowie die Pflege der sowjetischen Ehrenmale und Gedenkstätten und des Museums in Berlin-Karlshorst, wo die Wehrmacht am 8. Mai 1945 die bedingungslose Kapi-tulation unterzeichnet hatte. Ein Versprechen, der die ärm-liche Situation der meisten russischen Soldaten nur wenig linderte. Die westlichen Truppen kamen nach Hause und fanden dort auch mit Sicherheit ein Zuhause vor. Die Rot-armisten kamen in ein armes Land.

Nach der offiziellen Verabschiedung der russischen Armee im Schauspielhaus am Berliner Gendarmenmarkt gab es die Möglichkeit, an einer gesonderten Zeremonie am Ehrenmal für die sowjetischen Gefallenen im Treptower Park teilzu-nehmen. Diese zweite Verabschiedung fand fast unter Aus-schluss der Öffentlichkeit statt.

Ich ging hin, weil ich den Soldaten, den Menschen noch einmal ins Gesicht sehen und ihnen Adieu sagen wollte. Unter den wenigen, die gekommen waren, herrschte eine nachdenkliche Stimmung. Ich stand mit Joachim Gauck – er war zu dem Zeitpunkt noch Leiter der Stasi-Unter-lagen-Behörde – und dem Schriftsteller Erich Loest bei-einander.

»Ich habe sie kommen sehen, und ich wollte sie jetzt auch gehen sehen«, sagte ich.

Gauck nickte. Jeder von uns hing wohl eine Weile sei-nen Erinnerungen nach. Ich war so zerrissen wie selten. Auch die Rote Armee hatte uns vom Nationalsozialismus befreit, und sie hatte bei Weitem die meisten Opfer zu beklagen.

Auf der anderen Seite stand die Blockade Berlins, der blutig beendete 17. Juni 1953, der mit Panzern zerschlagene Ungarnaufstand 1956 und der blutige Prager Frühling von 1968.

Aber wie man es auch drehte und wendete, dieser Abschied für die Russen war ein Abschied zweiter Klasse. Er kam mir ebenso unwürdig und ungerecht vor wie die Tatsache, dass russische Soldaten Jahrzehnte nach der Befreiung betteln mussten.

Loest, der sieben Jahre im Zuchthaus von Bautzen verbracht hatte, entgegnete: »Kommen sehen habe ich sie auch. Und jetzt bin ich froh, dass sie wieder gehen.«

Ich betrachtete das pompöse sowjetische Ehrenmal. Ich dachte an Nikolai, Iwan und Wladimir, an Ljuba und die anderen Steppenpferde, an das merkwürdige Band zwischen uns.

Am Ende, dachte ich, hatten uns die Russen sicher nicht die Freiheit gebracht. Doch in jenem Sommer auf dem Darß und mit den drei Kosaken hatte ich zum ersten Mal in meinem Leben gespürt, wie Freiheit sich wirklich anfühlt.

Dank

Ich danke den drei vom Darß für Hilfe, Information und Unterstützung:

Bernd Koppehele vom Museum Zingst,

Arne Nehls vom Heimatverein Zingst und

Antje Hückstädt vom Darß-Museum Prerow. – Vielleicht schaffe ich es zur nächsten Bernstein-Woche!

Heidrun, geborene Bussert, und ihr Ehemann, Jörg Scheffelke, haben mir während eines Besuchs im Jahr 2015 das neue Müggenburg, den neuen Kirr und anderes mehr gezeigt. Sie haben mir vieles erzählt und haben durch ihr Wissen und ihre Erinnerungen Zeiten und Menschen lebendig gemacht.

Die Geschwister Claudine Borries und Dr. Justus Danhäuser haben mich in vielen Gesprächen über die gemeinsame Zeit auf dem Darß an ihren eigenen Erinnerungen teilhaben lassen. Das war hilfreich und hat Müggenburg in besonderer Weise lebendig gemacht.

Der Familie von Zadow danke ich, dass ich aus dem Buch »*Rückblick auf ein bewegtes Jahrhundert*«, von Raimar von Zadow, aus dem Text zu Dr. Friedrich Greiff zitieren konnte.

Ganz herzlich danken möchte ich Herrn Thomas Mahler für seine vielfältigen Anregungen und klugen Fragen als meinem geduldigen Lektor.

Register

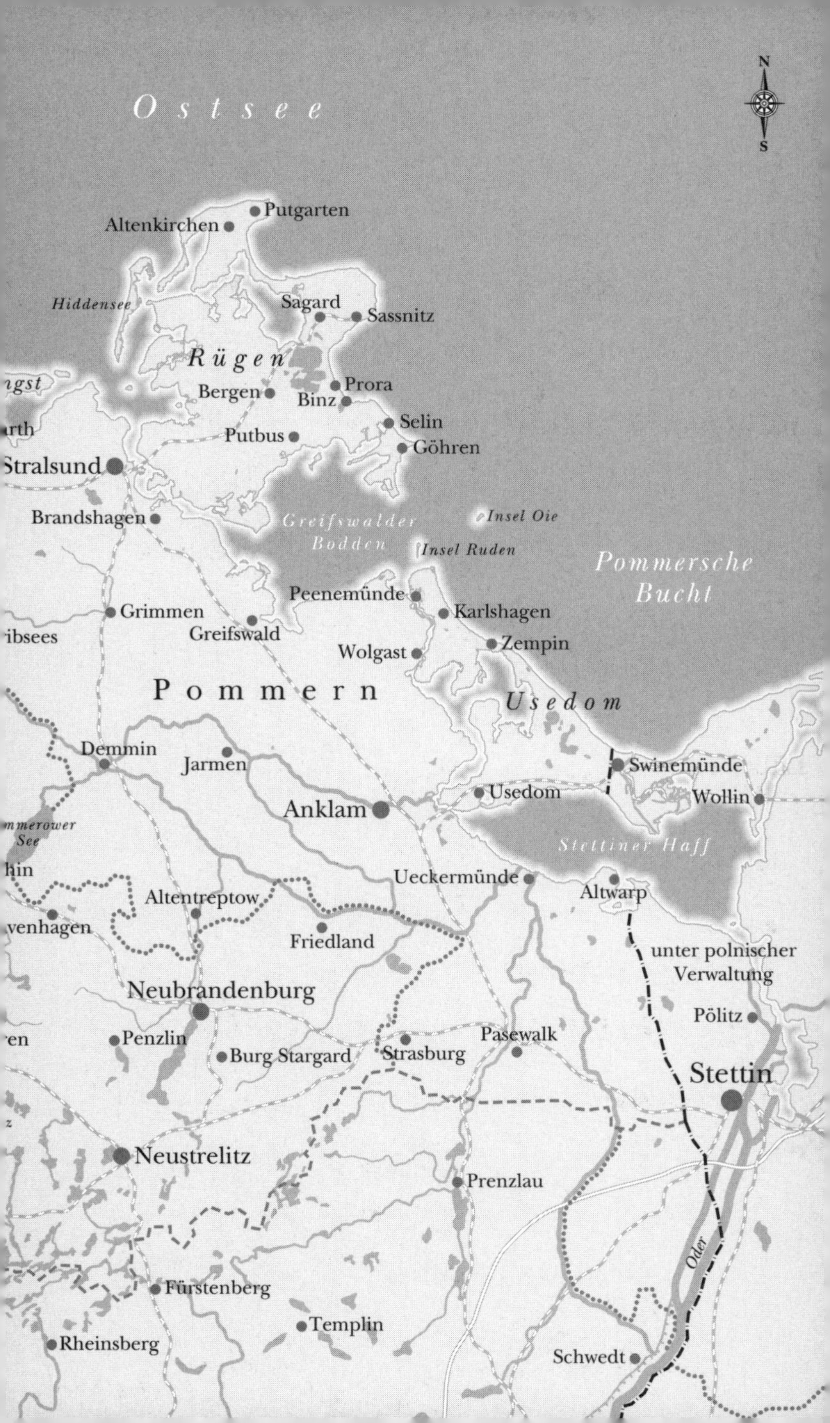

Ostsee
N
S
Putgarten
Altenkirchen
Hiddensee
Sagard
Sassnitz
Rügen
Prora
Bergen
Binz
Selin
Putbus
Göhren
Stralsund
Brandshagen
Greifswalder Bodden
Insel Oie
Insel Ruden
Pommersche Bucht
Peenemünde
Karlshagen
Grimmen
Greifswald
Zempin
Wolgast
Pommern
Usedom
Demmin
Jarmen
Swinemünde
Usedom
Wollin
Anklam
Stettiner Haff
Ueckermünde
Altwarp
Altentreptow
Friedland
unter polnischer Verwaltung
Neubrandenburg
Pölitz
Penzlin
Burg Stargard
Strasburg
Pasewalk
Stettin
Neustrelitz
Prenzlau
Oder
Fürstenberg
Templin
Rheinsberg
Schwedt

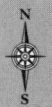

Deutschlands Lieblingsbuch

Das »Polackenkind« ist die fünfjährige Vera auf dem Hof im Alten Land, wohin sie 1945 aus Ostpreußen mit ihrer Mutter geflohen ist. Ihr Leben lang fühlt sie sich fremd in dem großen, kalten Bauernhaus und kann trotzdem nicht davon lassen. Bis sechzig Jahre später plötzlich ihre Nichte Anne vor der Tür steht. Sie ist mit ihrem kleinen Sohn aus Hamburg-Ottensen geflüchtet, wo ehrgeizige Vollwert-Eltern ihre Kinder wie Preispokale durch die Straßen tragen – und wo Annes Mann eine andere liebt.

Mit scharfem Blick und trockenem Witz erzählt Dörte Hansen von zwei Einzelgängerinnen, die überraschend finden, was sie nie gesucht haben: eine Familie.

 PENGUIN VERLAG

**Drei Frauen. Drei Leben.
Eine Geschichte.**

Der Tod war Agnes' Geschäft. Über Jahrzehnte hinweg führte sie den Steinmetzbetrieb Weisgut & Söhne in Hamburg und lenkte gebieterisch die Geschicke der Familie. Mit 91 Jahren nun hat Agnes von allem und jedem genug, sie will reinen Tisch machen und endlich das Geheimnis lüften, das sie viel zu lange schon mit sich herumträgt. Es ist Zeit für die Wahrheit.

PENGUIN VERLAG

Eine gottlose Pfarrerin, ein Mörder und
eine geniale Schnapsidee – und schon
steht ganz Schweden Kopf ...

Ein Mörder, der mit Jesus spricht, eine Pfarrerin, die mit
Gott hadert, und ein frustrierter Hotelmitarbeiter, der von
der Liebe überrascht wird. Ein unbeschreiblich skurriles
Trio, das zu einer großen Mission aufbricht: Sie wollen die
Menschen glücklicher und den eigenen Geldbeutel voller
machen. Und das auf ihre ganz besondere Weise: tollkühn,
unverfroren, mit viel Glück (und ein wenig Verstand) ...

PENGUIN VERLAG